OS APÓSTOLOS

Papa Bento XVI

OS APÓSTOLOS

Uma Introdução às Origens da Fé Cristã

Tradução:
EUCLIDES LUIZ CALLONI
CLEUSA MARGÔ WOSGRAU

Editora
Pensamento
SÃO PAULO

Título original: *Gli Apostoli e i Primi Discepoli di Cristo.*

Copyright © 2007 Libreria Editrice Vaticana.

Arte da capa: *Pentecostes* (da seção superior do retábulo de Maestà). Duccio di Buoninsegna (c. 1260-1318). Museo dell'Opera Metropolitana, Siena, Itália. Copyright © 1990 Foto Opera Metropolitana Siena/Scala, Florença.

Todos os direitos reservados. Nenhuma parte deste livro pode ser reproduzida ou usada de qualquer forma ou por qualquer meio, eletrônico ou mecânico, inclusive fotocópias, gravações ou sistema de armazenamento em banco de dados, sem permissão por escrito, exceto nos casos de trechos curtos citados em resenhas críticas ou artigos de revistas.

Dados Internacionais de Catalogação na Publicação (CIP)
(Câmara Brasileira do Livro, SP, Brasil)

Bento XVI, Papa, 1927-
  Os apóstolos : uma introdução às origens da fé cristã / Joseph Ratzinger ; tradução Euclides Luiz Calloni, Cleusa Margô Wosgrau. — São Paulo : Pensamento, 2008.

  Título original: Gli apostoli e i primi discepoli di Cristo
  Bibliografia
  ISBN 978-85-315-1528-6

  1. Apóstolos 2. Cristianismo — Origem 3. Fé (Cristianismo) 4. Igreja — História 5. Jesus Cristo — Discípulos I. Título.

  08-00709   CDD-225.92

Índices para catálogo sistemático:
1. Apóstolos de Jesus : Cristianismo 225.92

O primeiro número à esquerda indica a edição, ou reedição, desta obra. A primeira dezena à direita indica o ano em que esta edição, ou reedição, foi publicada.

Edição   Ano
1-2-3-4-5-6-7-8-9-10-11   08-09-10-11-12-13-14-15

Direitos de tradução para o Brasil adquiridos pela
EDITORA PENSAMENTO-CULTRIX LTDA.
Rua Dr. Mário Vicente, 368 — 04270-000 — São Paulo, SP
Fone: 6166-9000 — Fax: 6166-9008
E-mail: pensamento@cultrix.com.br
http://www.pensamento-cultrix.com.br
que se reserva a propriedade literária desta tradução.

SUMÁRIO

Parte I: As Origens da Igreja 7
Capítulo Um: Cristo e a Igreja 9
Capítulo Dois: A Dádiva da "Comunhão" 21
Capítulo Três: Comunhão no Tempo: A Tradição 31
Capítulo Quatro: Uma "Visão do Alto" 43

Parte II: Os Apóstolos 49
Capítulo Cinco: Pedro 51
Capítulo Seis: André, o Protóclito 69
Capítulo Sete: Tiago Maior 77
Capítulo Oito: Tiago Menor 81
Capítulo Nove: João 87
Capítulo Dez: Mateus 105
Capítulo Onze: Filipe 111
Capítulo Doze: Tomé, chamado Dídimo 117
Capítulo Treze: Bartolomeu 123
Capítulo Quatorze: Simão e Judas 129
Capítulo Quinze: Judas Iscariotes e Matias 135
Capítulo Dezesseis: Paulo 143

Parte III: Os Colaboradores dos Apóstolos 167
Capítulo Dezessete: Timóteo e Tito 169
Capítulo Dezoito: Estêvão, o Protomártir 175
Capítulo Dezenove: Barnabé, Silas (Silvano) e Apolo .. 183
Capítulo Vinte: Áquila e Priscila 193
Capítulo Vinte e Um: Mulheres a Serviço do
    Evangelho 201

PARTE I

As Origens
da Igreja

CAPÍTULO UM

Cristo e a Igreja[1]

A Igreja foi constituída sobre o fundamento dos Apóstolos como comunidade de fé, de esperança e de caridade. Por meio dos Apóstolos, chegamos ao próprio Jesus. A Igreja começa a se formar quando alguns pescadores da Galiléia encontram Jesus e se deixam conquistar por seu olhar, por sua voz, por seu convite caloroso e intenso: "Segui-me e eu vos farei pescadores de homens."[2]

No início do terceiro milênio, meu amado predecessor João Paulo II convidou a Igreja a contemplar a Face de Cristo.[3] Continuando na mesma direção, eu gostaria de mostrar neste livro como precisamente a luz dessa Face reflete sobre a face da Igreja,[4] apesar dos limites e

---

[1] *Nota do Editor da tradução inglesa: O material deste livro procede das catequeses proferidas pelo papa Bento XVI em suas audiências gerais semanais no período compreendido entre 15 de março de 2006 e 14 de fevereiro de 2007. Os textos foram editados superficialmente para facilitar a apresentação em formato de livro. A data da apresentação de cada mensagem está indicada em nota de rodapé*

[2] Mc 1,17; Mt 4,19

[3] Cf. papa João Paulo II, *Novo millennio ineunte*, 16ss.

[4] Cf. Concílio Vaticano II, *Lumen gentium*, 1

das sombras da nossa humanidade frágil e pecadora. Depois de Maria, reflexo puro da luz de Cristo, é dos Apóstolos, por meio da sua palavra e do seu testemunho, que recebemos a verdade de Cristo. A missão dos Apóstolos, porém, não é isolada, mas situa-se no seio de um mistério de comunhão que abrange todo o Povo de Deus e desenvolve-se por etapas desde a Antiga até a Nova Aliança.

Nesse aspecto, devemos dizer que a mensagem de Jesus se torna totalmente equivocada quando separada do contexto de fé e esperança do Povo Eleito: como João Batista, seu precursor imediato, Jesus se dirige principalmente a Israel[5] para reuni-lo no tempo escatológico que chegou com ele. E como a pregação de João, a de Jesus é ao mesmo tempo uma chamada de graça e sinal de contradição e de justiça para todo o Povo de Deus.

Assim, desde o primeiro momento da sua atividade salvífica, Jesus de Nazaré se empenha em reunir o Povo de Deus. Mesmo que sua pregação seja sempre um apelo à conversão pessoal, na realidade ele visa continuamente à constituição do Povo de Deus a quem veio reunir, purificar e salvar.

Conseqüentemente, é unilateral e sem fundamento a interpretação individualista do Reino que Cristo anuncia, proposta pela teologia liberal e sintetizada no ano de 1900 pelo grande teólogo Adolf von Harnack em suas li-

---

[5] Cf. Mt. 15,24

ções sobre *A Essência do Cristianismo*:[6] "O Reino de Deus, enquanto vem em homens *individuais*, entra em sua alma e eles o acolhem. O Reino de Deus é o domínio de Deus, certamente, mas é o domínio do Deus santo nos corações individuais."[7]

Na realidade, esse individualismo da teologia liberal é um realce tipicamente moderno: na perspectiva da tradição bíblica e no horizonte do judaísmo, no qual a obra de Jesus se situa em toda a sua novidade, fica claro que toda a missão do Filho feito carne tem uma finalidade comunitária: Ele veio verdadeiramente para unir a humanidade dispersa; ele veio verdadeiramente para unir o Povo de Deus. Um sinal evidente da intenção do Nazareno de reunir a comunidade da Aliança, para nela demonstrar a realização das promessas feitas aos Pais, que sempre falam em convocação, unificação, unidade, é *a instituição dos Doze*. Ouvimos sobre essa instituição dos Doze no Evangelho: "Depois subiu à montanha, e chamou a si os que ele queria, e eles foram até ele. E constituiu Doze, para que ficassem com ele, para enviá-los a pregar, e terem autoridade para expulsar os demônios."[8]

No lugar da revelação, "o monte", Jesus, com iniciativa que demonstra absoluta consciência e determinação,

---

[6] Nota do Editor da tradução inglesa: Harnack proferiu uma série de palestras sobre "A Essência do Cristianismo" na Universidade de Berlim durante o inverno de 1899-1900

[7] Cf. Adolf von Harnack, Palestra sobre a Essência do Cristianismo, Terceira Lição, 100ss.

[8] Mc 3,13-16; cf. Mt 10,1-4; Lc 6,12-16

constitui os Doze para que sejam com ele testemunhas e mensageiros da vinda do Reino de Deus.

Não há dúvidas sobre a historicidade desse chamado, não só por causa da antiguidade e multiplicidade dos testemunhos, mas também pelo simples motivo da presença do nome de Judas, o apóstolo traidor, não obstante as dificuldades que essa presença podia causar à comunidade nascente.

O número doze, que evidentemente se refere às doze tribos de Israel, já revela o significado da ação profético-simbólica implícita na nova iniciativa de reconstituir o povo santo. Desfeito de longa data o sistema das doze tribos, a esperança de Israel aguardava a restauração como sinal do tempo escatológico (conforme descrito no final do livro de Ezequiel: 37,15-19; 39,23-29; 40-48).

Escolhendo os Doze, introduzindo-os a uma comunhão de vida com ele mesmo e envolvendo-os em sua missão de anúncio do Reino em palavras e obras,[9] Jesus quer dizer que chegou o tempo definitivo em que se constitui novamente o Povo de Deus, o povo das doze tribos, que agora se torna um povo universal, a sua Igreja.

APELO A ISRAEL

Com a sua própria existência, os Doze — chamados de diferentes procedências — se tornam um apelo a todo Israel para que se converta e se deixe acolher na nova aliança, realização plena e perfeita da antiga. O fato de

---

[9] Cf. Mc 6,7-13; Mt 10,5-8; Lc 9,1-6; 6,13

ter confiado aos Apóstolos na Última Ceia, antes da Paixão, a tarefa de celebrar a sua memória, demonstra como Jesus queria transferir para toda a comunidade, na pessoa dos seus cabeças, o mandato de ser na história sinal e instrumento do encontro escatológico nele iniciado. Num certo sentido, podemos dizer que a Última Ceia em si é o ato da fundação da Igreja, porque ele dá a si mesmo e assim cria uma nova comunidade, uma comunidade unida na comunhão com ele próprio.

Portanto, um chavão popular alguns anos atrás, "Jesus sim, Igreja não", é totalmente inconciliável com a intenção de Cristo. Esse Jesus individualista é um Jesus fantasioso.

Nessa luz, compreendemos como o Ressuscitado confere a eles, com a efusão do Espírito, o poder de perdoar pecados.[10] Assim, os Doze Apóstolos são o sinal mais evidente da vontade de Jesus com relação à existência e à missão da sua Igreja, a garantia de que não existe oposição entre Cristo e a Igreja: eles são inseparáveis, não obstante os pecados dos homens que compõem a Igreja. Portanto, um bordão popular alguns anos atrás, "Jesus sim, Igreja não", é totalmente inconciliável com a intenção de Cristo. Esse Jesus individualista é um Jesus fantasioso.

Não podemos ter Jesus sem a realidade que ele criou e na qual se comunica. Entre o Filho de Deus feito carne e sua Igreja há uma profunda, indissolúvel e misteriosa continuidade por força da qual Cristo está presente hoje no seu povo. Ele é sempre contemporâneo conosco,

---

[10] Cf. Jo 20,23

é sempre contemporâneo com a Igreja, construída sobre o fundamento dos Apóstolos, está vivo na sucessão dos Apóstolos. E esta sua presença na comunidade, em que ele mesmo se entrega sempre a nós, é o motivo da nossa alegria. Sim, Cristo está conosco; o Reino de Deus vem.

"Testemunhas de Cristo"[11]

A Epístola aos Efésios nos apresenta a Igreja como uma estrutura "edificada sobre o fundamento dos apóstolos e dos profetas, do qual é Cristo Jesus a pedra angular".[12] No Apocalipse, o papel dos Apóstolos e, mais especificamente, dos Doze, é explicado na perspectiva escatológica da Jerusalém celeste, apresentada como uma cidade cujas muralhas "têm doze alicerces, sobre os quais estão os nomes dos doze Apóstolos do Cordeiro".[13]

Os Evangelhos concordam ao mencionar que o chamado dos Apóstolos assinalou os primeiros passos do ministério de Jesus, depois do batismo que recebeu de João Batista nas águas do Jordão. De acordo com os relatos de Marcos[14] e Mateus,[15] o cenário do chamado dos primeiros Apóstolos é o lago da Galiléia. Jesus iniciara havia pouco a pregação sobre o Reino de Deus, quando seu olhar pousa sobre duas duplas de irmãos: Simão e André, Tiago e

---

[11] Papa Bento XVI, Audiência Geral, 22 de março de 2006
[12] Ef 2,20
[13] Ap 21,14
[14] Mc 1,16-20
[15] Mt 4,18-22

João. Eles são pescadores, ocupados com sua lida diária, lançando suas redes e consertando-as.

Mas é outra espécie de pesca que os aguarda. Jesus os chama com determinação e eles o seguem prontamente: pouco depois eles se tornariam "pescadores de homens".[16] Lucas, embora seguindo a mesma tradição, apresenta um relato mais elaborado.[17]

A narrativa de Lucas mostra o desenvolvimento da fé dos primeiros discípulos, dizendo que o convite de Jesus para segui-lo é feito depois que ouviram a sua primeira pregação e viram os primeiros sinais prodigiosos por ele realizados. De modo particular, a pesca milagrosa é o contexto imediato e oferece o símbolo da missão de pescadores de homens a eles confiada. O destino destes "chamados" estará desse momento em diante intimamente ligado ao de Jesus. O apóstolo é um enviado, mas, antes ainda, é um "perito" em Jesus.

Exatamente esse aspecto é posto em evidência pelo evangelista João desde o primeiro encontro de Jesus com os futuros Apóstolos. Aqui o cenário é diferente. O encontro acontece nas margens do Jordão. A presença dos futuros discípulos, procedentes da Galiléia, como Jesus, para receber o batismo administrado por João, lança luz sobre o seu mundo espiritual.

Eles eram homens que esperavam o Reino de Deus, ansiosos por conhecer o Messias cuja vinda era anun-

---

[16] Cf. Mc 1,17; Mt 4,19
[17] Lc 5,1-11

ciada como iminente. Basta-lhes a indicação de João Batista, que aponta Jesus como Cordeiro de Deus,[18] para despertar neles o desejo de um encontro pessoal com o Mestre. O diálogo de Jesus com os primeiros dois futuros Apóstolos é muito expressivo. À pergunta, "Que estais procurando?",[19] eles respondem com outra pergunta: "Rabi (que, traduzido, significa Mestre), onde moras?"[20] A resposta de Jesus é um convite: "Vinde e vede."[21] Vinde para poder ver.

É assim que começa a aventura dos Apóstolos, como um encontro de pessoas que se abrem reciprocamente. Para os discípulos, esse é o início de um conhecimento direto do Mestre, vendo onde ele mora e começando a conhecê-lo. Na verdade, eles não anunciarão uma idéia, mas serão testemunhas de uma pessoa.

Antes de ser enviados a pregar, deverão "estar" com Jesus,[22] estabelecendo com ele uma relação pessoal. Sobre essa base, a evangelização não será senão o anúncio do que sentiram e um convite a entrar no mistério da comunhão com Cristo.[23]

A quem os Apóstolos serão enviados? No Evangelho Jesus parece restringir sua missão apenas a Israel: "Eu não fui enviado senão às ovelhas perdidas da casa de

---

[18] Cf. Jo 1,36
[19] Jo 1,38
[20] Jo 1,38
[21] Jo 1,39
[22] Cf. Mc 3,14
[23] Cf. 1 Jo 1,1-3

Israel."²⁴ De modo análogo, ele parece limitar a missão confiada aos Doze: "Jesus enviou esses Doze com estas recomendações: 'Não tomeis o caminho dos gentios, nem entreis em cidade de samaritanos. Dirigi-vos, antes, às ovelhas perdidas da casa de Israel.'"²⁵ Uma certa crítica moderna de inspiração racionalista viu nessas palavras a falta de uma consciência universal por parte do Nazareno. Na realidade, elas devem ser entendidas à luz da sua relação especial com Israel, a comunidade da Aliança, na continuidade da história da salvação. Segundo a expectativa messiânica, as promessas divinas dirigidas diretamente a Israel cumprir-se-iam quando o próprio Deus tivesse reunido seu povo através do seu eleito, à semelhança do pastor que recolhe suas ovelhas: "Eu mesmo vou trazer salvação ao meu rebanho, de modo que não mais sejam saqueadas... Suscitarei para elas um pastor que as apascentará, a saber, o meu servo Davi: ele as apascentará, ele lhes servirá de pastor. E eu, Yahweh, serei o seu Deus e o meu servo Davi será príncipe entre elas."²⁶

Jesus é o pastor escatológico que reúne as ovelhas perdidas da casa de Israel e vai à procura dessas ovelhas porque as conhece e as ama.²⁷ Por meio dessa "reunião", o Reino de Deus é anunciado a todos os povos: "Mani-

---

[24] Mt 15,24
[25] Mt 10,5-6
[26] Ez 34,22-24
[27] Cf. Lc 15,4-7, Mt 18,12-14; cf. também a figura do Bom Pastor em Jo 10,11ss.

festarei a minha glória às nações. Todas as nações verão o castigo que hei de executar, e a minha mão, que farei cair sobre elas."[28] E Jesus segue precisamente essa linha profética. Seu primeiro passo é reunir o povo de Israel para que todas as pessoas chamadas a congregar-se na comunhão com o Senhor possam ver e acreditar.

Assim, os Doze, chamados a participar da mesma missão de Jesus, cooperam com o Pastor dos últimos tempos, também eles procurando principalmente as ovelhas perdidas da casa de Israel, isto é, dirigindo-se ao povo da promessa cuja reunião é sinal de salvação para todos os povos, o início da universalização da Aliança.

Antes de ser enviados a pregar, deverão "estar" com Jesus, estabelecendo com ele uma relação pessoal.

Longe de contradizer a abertura universal da ação messiânica do Nazareno, a restrição inicial da missão sua e dos Doze a Israel se torna assim um sinal profético ainda mais eficaz. Depois da paixão e ressurreição de Cristo, esse sinal ficará claro: o caráter universal da missão dos Apóstolos se tornará explícito. Cristo enviará os Apóstolos "a todo o mundo",[29] a "todas as nações"[30] e "até os confins da terra".[31]

E essa missão continua. Continua sempre o mandato do Senhor de reunir os povos na unidade do seu amor.

---

[28] Ez 39,21
[29] Mc 16,15
[30] Mt 28,19, Lc 24,47
[31] At 1,8

Esta é a nossa esperança e este é também o nosso mandato: contribuir para essa universalidade, para essa verdadeira unidade na riqueza das culturas, em comunhão com o nosso verdadeiro Senhor Jesus Cristo.

CAPÍTULO DOIS

A Dádiva da "Comunhão"[1]

Através do ministério apostólico, a Igreja, comunidade reunida pelo Filho de Deus vindo na carne, viverá no decorrer dos tempos edificando e nutrindo a comunhão em Cristo e no Espírito Santo, à qual todos são chamados e na qual podem fazer a experiência de salvação dada pelo Pai.

Os Doze — como diz o papa Clemente, terceiro Sucessor de Pedro, no fim do século I — tiveram o cuidado de preparar sucessores,[2] para que a missão a eles confiada continuasse depois de sua morte. Ao longo dos séculos, a Igreja, organicamente estruturada sob a orientação dos seus legítimos Pastores, continuou assim a viver no mundo como mistério de comunhão em que reflete até certo ponto a própria Comunhão Trinitária, o mistério do próprio Deus.

O apóstolo Paulo acena a essa suprema fonte trinitária quando deseja aos seus cristãos: "A graça do Senhor Jesus Cristo, o amor de Deus e a comunhão do Espírito

---

[1] Papa Bento XVI, Audiência Geral, 29 de março de 2006
[2] Cf. 1 Clem 42,4

Santo estejam com todos vós."³ Essas palavras, provavelmente eco do culto da Igreja nascente, evidenciam como a dádiva gratuita do Pai em Jesus Cristo se realiza e exprime na comunhão operada pelo Espírito Santo.

Esta interpretação, baseada no estreito paralelismo estabelecido pelo texto entre os três genitivos (a graça *do* Senhor Jesus Cristo... o amor *de* Deus... e a comunhão *do* Espírito Santo), apresenta a "comunhão" como uma dádiva específica do Espírito, fruto do amor dado por Deus Pai e pela graça oferecida pelo Senhor Jesus.

Além disso, o contexto imediato, caracterizado pela insistência na comunhão fraterna, orienta-nos a ver a "*koinonía*"⁴ do Espírito Santo não só como "participação" na vida divina quase singularmente, cada um por si, mas também logicamente como "comunhão" entre crentes que o próprio Espírito Santo suscita como seu artífice e principal agente.⁵

Poder-se-ia afirmar que graça, amor e comunhão, referidos respectivamente ao Cristo, ao Pai e ao Espírito Santo, são aspectos diferentes da única ação divina para nossa salvação, ação que cria a Igreja e faz da Igreja — como diz São Cipriano no século III — "um povo reunido na unidade do Pai, do Filho e do Espírito Santo."⁶

---

³ 2 Cor 13,13
⁴ *Nota do Editor da tradução inglesa:* Koinonía *é uma palavra grega que significa "comunhão"*
⁵ Cf. Fl 2,1
⁶ São Cipriano, *De Orat. Dom.* 23; PL 4, 553, cit. em *Lumen Gentium*, 4

A idéia da comunhão como participação na vida trinitária é iluminada com intensidade especial no Evangelho de João.

Aqui, a comunhão de amor que vincula o Filho ao Pai e aos homens e mulheres é ao mesmo tempo o modelo e a fonte da comunhão fraterna que deve unir os discípulos entre si: "Amai-vos uns aos outros *como* eu vos amei";[7] "para que sejam um, *como* nós somos um".[8] Portanto, comunhão de homens e mulheres com o Deus Trinitário e comunhão de homens e mulheres entre si.

No tempo da sua peregrinação terrena, o discípulo, por meio da comunhão com o Filho, já pode participar da vida divina do Filho e do Pai: "A nossa comunhão é com o Pai e com o seu Filho Jesus Cristo."[9]

Esta vida de comunhão com Deus e entre nós é a finalidade mesma do anúncio do Evangelho, a finalidade da conversão ao cristianismo: "O que vimos e ouvimos vo-lo anunciamos para que estejais também em comunhão conosco."[10]

Assim, essa dupla comunhão com Deus e entre nós é inseparável. Onde se destrói a comunhão com Deus, que é comunhão com o Pai, com o Filho e com o Espírito Santo, destrói-se também a raiz e a fonte da comunhão entre nós. E onde não vivemos a comunhão entre nós,

---

[7] Jo 15,12; cf. 13,34 (grifo inserido)
[8] Jo 17,22 (grifo inserido)
[9] 1 Jo 1,3
[10] 1 Jo 1,3

também a comunhão com o Deus Trinitário não é viva e verdadeira, como ouvimos.

Demos agora um passo adiante. A comunhão, fruto do Espírito Santo, é alimentada pelo Pão Eucarístico[11] e se expressa nas relações fraternais numa espécie de antecipação do mundo futuro.

Na Eucaristia Jesus nos nutre, nos une a Ele, ao Pai, ao Espírito Santo e entre nós. Essa rede de unidade que abraça o mundo é uma antecipação do mundo futuro neste nosso tempo.

Precisamente desse modo, sendo antecipação do mundo futuro, a comunhão é uma dádiva também com conseqüências bem reais. Ela nos tira da nossa solidão, do nosso fechamento em nós mesmos, e nos torna partícipes do amor que nos une a Deus e entre nós.

É fácil compreender a grandeza dessa dádiva; basta apenas lembrar a fragmentação e os conflitos que afligem as relações entre indivíduos, grupos e povos inteiros. Não existindo a dádiva da unidade no Espírito Santo, a fragmentação da humanidade é inevitável.

A "comunhão" é verdadeiramente a boa-nova, o remédio que o Senhor nos dá para lutar contra a solidão que hoje ameaça a todos, a dádiva preciosa que nos faz sentir acolhidos e amados por Deus, na unidade do seu Povo reunido no nome da Trindade; é a luz que faz a Igreja brilhar como farol elevado entre os povos.

---

[11] Cf. 1 Cor 10,16-17

"Se dissermos que estamos em comunhão com ele e andamos nas trevas, mentimos e não praticamos a verdade. Mas se caminhamos na luz como ele está na luz, estamos em comunhão uns com os outros."[12]

Assim, a Igreja, apesar de todas as fragilidades humanas que configuram a sua fisionomia histórica, revela-se uma maravilhosa criação de amor, feita para levar Cristo para perto de cada homem e de cada mulher que queira realmente encontrá-lo, até o fim dos tempos. E na Igreja, o Senhor sempre permanece contemporâneo conosco. A Escritura não é uma coisa do passado. O Senhor não fala no passado, mas no presente; ele fala conosco hoje, ele nos ilumina, ele nos mostra o caminho da vida, nos dá comunhão e assim nos prepara e nos abre para a paz.

"A PRESERVAÇÃO DA DÁDIVA"[13]

Refletindo sobre a Igreja nascente, podemos descobrir dois aspectos: o primeiro aspecto é fortemente evidenciado por Santo Ireneu de Lion, mártir e grande teólogo do fim do século II, o primeiro a nos dar uma teologia até certo ponto sistemática. Santo Ireneu escreve: "Onde está a Igreja, aí está também o Espírito de Deus; e onde está o Espírito de Deus, aí está a Igreja e toda graça; pois o Espírito é verdade."[14]

Existe assim um vínculo íntimo entre o Espírito Santo e a Igreja. O Espírito Santo constrói a Igreja e lhe dá

---

[12] 1 Jo 1,6ss.
[13] Papa Bento XVI, 5 de abril de 2006
[14] Sto. Ireneu, *Adversus Haereses*, III, 24, 1: *PG* 7, 966

a verdade; Ele derrama amor no coração dos que crêem, como diz São Paulo.[15]

Mas há um segundo aspecto. Esse vínculo íntimo com o Espírito não anula a nossa humanidade, com todas as suas fraquezas. Assim, a comunidade dos discípulos conhece desde o início não só a alegria do Espírito Santo, a graça da verdade e do amor, mas também as provações, constituídas acima de tudo por divergências sobre verdades de fé, com as conseqüentes dilacerações da comunhão. Como a comunhão do amor existe desde o início e continuará até o fim,[16] assim também a divisão está presente desde o início. Não devemos surpreender-nos por ela continuar existindo hoje. "Eles saíram do meio de nós — diz a Primeira Epístola de João — mas não eram dos nossos. Se tivessem sido dos nossos, teriam permanecido conosco. Mas era preciso que se manifestasse que nem todos eram dos nossos."[17]

A "comunhão" é verdadeiramente a boa-nova, o remédio que o Senhor nos dá para lutar contra a solidão que hoje ameaça a todos, a dádiva preciosa que nos faz sentir acolhidos e amados por Deus, na unidade do seu Povo reunido no nome da Trindade; é a luz que faz a Igreja brilhar como farol elevado entre os povos.

Por isso, nos acontecimentos do mundo e também nas fraquezas da Igreja, há sempre o perigo de se perder a fé, e assim também o amor e a fraternidade. É, por-

---

[15] Cf. Rm 5,5
[16] Cf. 1 Jo 1,1ss.
[17] 1 Jo 2,19

tanto, dever específico de quem crê na Igreja do amor, e quer viver nela, reconhecer também esse perigo e aceitar que não é possível comungar com aqueles que se afastaram da doutrina da salvação.[18]

A Igreja nascente tinha consciência muito clara dessas possíveis tensões na vivência da comunhão, fato que a Primeira Epístola de João mostra bem: não há voz que se eleve com mais força no Novo Testamento para evidenciar a realidade e o dever do amor fraterno entre cristãos; mas a mesma voz se dirige com severidade veemente aos adversários da Igreja que foram membros da comunidade, mas agora não pertencem mais a ela.

A Igreja do amor é também a Igreja da verdade, compreendida acima de tudo como fidelidade ao Evangelho confiado pelo Senhor Jesus aos seus seguidores. O fato de serem constituídos filhos do mesmo Pai pelo Espírito de verdade foi que deu origem à fraternidade cristã: "Todos os que são conduzidos pelo Espírito de Deus são filhos de Deus."[19]

No entanto, para viver na unidade e na paz, a família dos filhos de Deus precisa de alguém que a mantenha na verdade e a guie com discernimento sapiente e autorizado: é essa a tarefa que o ministério dos Apóstolos é chamado a realizar.

---

[18] Cf. 2 Jo 9-11
[19] Rm 8,14

E aqui chegamos a um ponto importante. A Igreja é toda do Espírito, mas comporta uma estrutura, a sucessão apostólica, a quem cabe a responsabilidade de assegurar a permanência da Igreja na verdade dada por Cristo, da qual procede também a capacidade do amor.

A primeira síntese dos Atos exprime com grande eficácia a convergência desses valores na vida da Igreja nascente: "Eles mostravam-se assíduos ao ensinamento dos apóstolos, à comunhão (*koinonía*) fraterna, à fração do pão e às orações."[20] A comunhão nasce da fé inspirada pela pregação apostólica, é alimentada pela fração do pão e pela oração e é expressa na caridade fraterna e no serviço.

Temos diante de nós a descrição da comunhão da Igreja nascente na riqueza do seu dinamismo interno e das suas expressões visíveis: a dádiva da comunhão é preservada e promovida de modo particular pelo ministério apostólico, que por sua vez é uma dádiva para toda a comunidade. Os Apóstolos e seus sucessores são, portanto, os protetores e as testemunhas autorizadas do depósito da verdade entregue à Igreja, e são também os ministros da caridade: dois aspectos que andam juntos.

Eles devem sempre pensar na natureza inseparável desse duplo serviço que na realidade é um só: verdade

A verdade e o amor são duas faces da mesma dádiva que vem de Deus e que, graças ao ministério apostólico, é preservada na Igreja e chega até nós no tempo presente!

---

[20] At 2,42

e amor, revelados e dados pelo Senhor Jesus. Nesse sentido, seu serviço é acima de tudo um serviço de amor: a caridade que devem viver e promover é inseparável da verdade que preservam e transmitem.

A verdade e o amor são duas faces da mesma dádiva que vem de Deus e que, graças ao ministério apostólico, é preservada na Igreja e chega até nós no tempo presente! Também através do serviço dos Apóstolos e dos seus sucessores o amor do Deus Trinitário nos alcança para comunicar-nos a verdade que nos liberta![21]

Tudo isso que vemos na Igreja nascente nos impele a rezar pelos Sucessores dos Apóstolos, por todos os Bispos e pelos Sucessores de Pedro, para que possam realmente ser ao mesmo tempo protetores da verdade e do amor; para que, nesse sentido, sejam verdadeiramente apóstolos de Cristo, de modo que a sua luz, a luz da verdade e da caridade, jamais se extinga na Igreja e no mundo.

---

[21] Cf. Jo 8,32

CAPÍTULO TRÊS

A Comunhão no Tempo:
A Tradição[1]

Até aqui compreendemos que a comunhão eclesial é inspirada e sustentada pelo Espírito Santo e preservada e promovida pelo ministério apostólico. E essa comunhão, que chamamos "Igreja", não se estende apenas a todos os crentes de um período histórico específico, mas abraça também todas as épocas e todas as gerações. Temos assim uma dúplice universalidade: uma universalidade sincrônica — estamos unidos com os crentes em todas as partes do mundo — e também uma assim chamada universalidade diacrônica, isto é, todas as épocas pertencem a nós, e todos os crentes do passado e do futuro formam conosco uma única grande comunhão.

O Espírito Santo aparece como o abonador da presença ativa do mistério na história, Aquele que assegura sua realização ao longo dos séculos. Graças ao Paráclito, será sempre possível às gerações sucessivas ter a mesma experiência do Ressuscitado vivida pela comunidade apostó-

---

[1] Papa Bento XVI, Audiência Geral, 26 de abril de 2006

lica nas origens da Igreja, pois é transmitida e atualizada na fé, no culto e na comunhão do Povo de Deus, peregrino no tempo. E assim nós agora, no tempo pascal, vivemos o encontro com o Ressuscitado, não só como um fato do passado, mas na comunhão presente da fé, da liturgia e da vida da Igreja. A Tradição apostólica da Igreja consiste nessa transmissão dos bens da salvação que, pelo poder do Espírito, faz da comunidade cristã a atualização permanente da comunhão original.

Ela é chamada "original" porque nasceu do testemunho dos Apóstolos e da comunidade dos discípulos no tempo das origens. Ela foi transmitida sob a orientação do Espírito Santo nos escritos do Novo Testamento e na vida sacramental, na vida da fé, e a ela se refere continuamente a Igreja — a essa Tradição, que é toda a realidade sempre atual da dádiva de Jesus — como seu fundamento e sua norma, através da sucessão ininterrupta do ministério apostólico. Ainda em sua vida histórica, Jesus limitava a sua missão à casa de Israel, mas já deixava claro que a dádiva não se destinava apenas ao Povo de Israel, mas a todo o mundo e a todos os tempos.

O Ressuscitado então confia explicitamente aos Apóstolos[2] a missão de tornar todas as nações discípulos, garantindo a sua presença e a sua ajuda até o fim dos tempos.[3]

---

[2] Cf. Lc 6,13
[3] Mt 28,19ss.

CAPÍTULO TRÊS • Comunhão no Tempo: A Tradição   33

O universalismo da salvação, aliás, pede que o memorial da Páscoa seja celebrado na história sem interrupção até o retorno glorioso de Cristo.[4] Quem atualizará a presença salvífica do Senhor Jesus através do ministério dos Apóstolos — cabeças do Israel escatológico[5] — e através da vida toda do povo da Nova Aliança? A resposta é clara: o Espírito Santo. Os Atos dos Apóstolos — continuando na linha do Evangelho de Lucas — apresentam vividamente o envolvimento íntimo entre o Espírito, os enviados por Cristo e a comunidade por eles reunida.

Graças à ação do Paráclito, os Apóstolos e seus sucessores podem realizar no tempo a missão recebida do Ressuscitado. "Vós sois testemunhas disso. Eis que eu vos enviarei o que meu Pai prometeu."[6]

"Mas recebereis uma força, a do Espírito Santo que descerá sobre vós, e sereis minhas testemunhas em Jerusalém, em toda a Judéia e a Samaria, e até os confins da terra."[7] E essa promessa, no início inacreditável, se realizou já no tempo dos Apóstolos: "Nós somos testemunhas destas coisas, nós e o Espírito Santo, que Deus concedeu aos que lhe obedecem."[8] É assim o próprio Espírito que, pela imposição das mãos e pelas orações dos Apóstolos, consagra e envia os novos missionários do Evangelho

---

[4] Cf. 1 Cor 11,26
[5] Mt 19,28
[6] Lc 24,48s.
[7] At 1,8
[8] At 5,32

(como, por exemplo, em At 13,3ss. e 1 Tm 4,14). É interessante observar que, enquanto algumas passagens dizem que Paulo designou anciãos nas Igrejas,[9] outras afirmam que foi o Espírito que os tornou guardiões do rebanho.[10] A ação do Espírito e a ação de Paulo estão assim profundamente entrelaçadas. No momento de decisões solenes para a vida da Igreja, o Espírito está presente para guiá-la. Essa presença-guia do Espírito Santo é sentida de modo muito especial no Concílio de Jerusalém, em cuja declaração final ressoa a afirmação: "De fato, pareceu bem ao Espírito Santo e a nós";[11] a Igreja cresce e caminha "no temor do Senhor, repleta da consolação do Espírito Santo".[12] É essa atualização permanente da presença ativa do Senhor Jesus em seu Povo, operada pelo Espírito Santo e expressa na Igreja através do ministério apostólico e da comunhão fraterna o que em sentido teológico entendemos com o termo "Tradição": ela não é meramente a transmissão material do que foi dado no início aos Apóstolos, mas a presença eficaz do Senhor Jesus Crucificado e Ressuscitado que acompanha e guia no Espírito a comunidade por ele reunida. A Tradição é a comunhão dos fiéis em torno dos seus legítimos Pastores no curso da história, uma comunhão que o Espírito Santo

---

[9] Cf. At 14,23
[10] Cf. At 20,28
[11] At 15,28
[12] At 9,31

alimenta, assegurando o vínculo entre a experiência da fé apostólica, vivida na comunidade original dos discípulos, e a experiência atual de Cristo na sua Igreja.

Em outras palavras, a Tradição é a continuidade orgânica da Igreja, o Templo santo de Deus Pai, edificado sobre o fundamento dos Apóstolos e mantido articulado pela pedra angular, Cristo, através da ação vivificante do Espírito: "Portanto, já não sois estrangeiros nem hóspedes, mas concidadãos dos santos e membros da família de Deus. Estais edificados sobre o fundamento dos apóstolos e dos profetas, do qual é Cristo a pedra angular. Nele bem articulado, todo o edifício se ergue em santuário sagrado, no Senhor, e vós, também, nele sois co-edificados para serdes uma habitação de Deus, no Espírito."[13]

A Tradição é o rio vivo que nos liga às origens, o rio vivo em que as origens estão sempre presentes, o grande rio que nos conduz ao porto da eternidade.

Graças à Tradição, garantida pelo ministério dos Apóstolos e por seus sucessores, a água da vida vertida do lado de Cristo e seu sangue salutar chegam às mulheres e homens de todos os tempos. Assim a Tradição é a presença permanente do Salvador que vem encontrar-nos, redimir-nos e santificar-nos no Espírito através do ministério da sua Igreja, para a glória do Pai.

Concluindo e resumindo, podemos, portanto, dizer que a Tradição não é a transmissão de coisas ou palavras, uma coleção de coisas mortas. A Tradição é o rio

---

[13] Ef 2,19-22

vivo que nos liga às origens, o rio vivo em que as origens estão sempre presentes, o grande rio que nos conduz ao porto da eternidade. Sendo assim, ressoam incessantemente nesse rio vivo as palavras do Senhor: "Eis que eu estou convosco todos os dias, até a consumação dos séculos."[14]

A Tradição Apostólica da Igreja[15]

A Tradição Apostólica não é uma coleção de coisas, de palavras, como uma caixa de objetos inanimados. A Tradição é o rio da nova vida que flui das origens, de Cristo, até nós, e nos torna partícipes na história de Deus com a humanidade.

Nesse sentido, o Concílio Vaticano II revelou que a Tradição é *apostólica* acima de tudo em suas origens:

> Aquelas coisas que Deus revelara para a salvação de todos os povos, Ele as dispôs benignamente a fim de que permanecessem sempre íntegras e fossem transmitidas a todas as gerações.
> Por isso o Cristo Senhor, em quem se completa toda a revelação do Sumo Deus (cf. 2 Cor 1,20; 3,16-4,6), ordenou aos Apóstolos que pregassem o Evangelho... e comunicassem dons divinos a todos os homens. Esse Evangelho deveria ser fonte de toda verdade salvífica e de toda disciplina de costumes.[16]

---

[14] Mt 28,20
[15] Papa Bento XVI, Audiência Geral, 3 de maio de 2006
[16] Concílio Vaticano II, Constituição Dogmática sobre a Revelação Divina, *Dei Verbum*, nº 7

O Concílio continua dizendo como esse compromisso foi fielmente cumprido "pelos Apóstolos, que na pregação oral, por exemplos e instituições, transmitiram aquelas coisas que receberam das palavras, da convivência e das obras de Cristo ou que aprenderam das sugestões do Espírito Santo".[17] Com os Apóstolos, acrescenta o Concílio, havia "outros homens com eles relacionados que, sob a inspiração do mesmo Espírito Santo, puseram por escrito a mensagem da salvação."[18] Como cabeças do Israel escatológico, também eles em número de Doze, o número das tribos do Povo Escolhido, os Apóstolos continuaram a "reunião" iniciada pelo Senhor e o fizeram acima de tudo transmitindo fielmente a dádiva recebida, a Boa-Nova do Reino que veio ao povo em Jesus Cristo.

O número de Apóstolos expressa não só a continuidade com a sagrada raiz, o Israel das doze tribos, mas também o destino universal do seu ministério, portador da salvação até os confins da terra. Podemos entender isso examinando o valor simbólico dos números no mundo semítico: *doze* é o resultado da multiplicação de três, um número perfeito, por *quatro*, um número que remete aos pontos cardeais e, portanto, ao mundo inteiro.

A comunidade, nascida do anúncio evangélico, se reconhece convocada pelas palavras daqueles que foram os primeiros a viver a experiência do Senhor e que por ele

---

[17] Ibid.
[18] Ibid.

foram enviados. Ela sabe que pode contar com a orientação dos Doze, como também com a daqueles que ao longo do caminho se associam a eles como seus sucessores no ministério da Palavra e no serviço à comunhão. Conseqüentemente, a comunidade se sente impelida a transmitir a outros a "Boa-Nova" da presença real do Senhor e do seu Mistério Pascal, operante no Espírito. Isto se evidencia claramente e está visível em certas passagens das cartas paulinas: "Transmiti-vos o que eu também recebi."[19] E isto é importante. Sabemos que São Paulo, originariamente chamado por Cristo com uma vocação pessoal, é um verdadeiro Apóstolo, mas também para ele é fundamental a fidelidade a tudo o que recebeu. Ele não queria "inventar" um novo cristianismo, por assim dizer, "paulino". Por isso, insiste, "Transmiti-vos o que eu também recebi". Ele transmitiu a dádiva inicial que vem do Senhor e a verdade que salva.

Depois, próximo do fim da vida, ele escreve a Timóteo: "Guarda o bom depósito com a ajuda do Espírito Santo que habita em nós."[20]

Essa realidade é bem demonstrada também por este antigo testemunho da fé cristã escrito por Tertuliano em torno do ano 200:

> Foi inicialmente na Judéia que (os Apóstolos) consolidaram a fé em Jesus Cristo e fundaram igrejas; em seguida, espalhados pelo mundo inteiro, anunciaram a mesma

---

[19] 1 Cor 15,3
[20] 2 Tm 1,14

doutrina e a mesma fé às nações, fundando Igrejas em todas as cidades por onde passavam, das quais, então, as outras passaram a receber o enxerto da fé e a semente da doutrina, e ainda continuam recebendo para ser realmente Igrejas. É desse modo que essas também são consideradas apostólicas, na medida em que são provenientes das Igrejas dos Apóstolos.[21]

O Concílio Vaticano II comenta: "O que foi transmitido pelos Apóstolos compreende todas aquelas coisas que contribuem para santamente conduzir a vida e fazer crescer a fé do Povo de Deus, e assim a Igreja, em sua doutrina, vida e culto, perpetua e transmite a todas as gerações tudo o que ela é, tudo o que crê."[22] A Igreja transmite tudo o que ela é e crê, e o transmite no culto, na vida e na doutrina.

A Tradição é assim o Evangelho vivo, proclamado pelos Apóstolos na sua integridade, com base na plenitude da experiência única e irrepetível vivida por eles: por suas ações a fé é comunicada aos outros, até nós, até o fim do mundo. A Tradição, portanto, é a história do Espírito que age na história da Igreja pela mediação dos Apóstolos e dos seus sucessores, em fiel continuidade com a experiência das origens.

É isso que São Clemente de Roma diz em torno do fim do século I:

---

[21] Tertuliano, *De Praescriptione Haereticorum*, 20: PL 2, 32
[22] Concílio Vaticano II, *Dei Verbum*, nº 8

Os Apóstolos foram mandados a evangelizar pelo Senhor Jesus Cristo. Jesus Cristo foi enviado por Deus. Assim, Cristo vem de Deus e os Apóstolos de Cristo. Essa dupla missão se sucede em boa ordem, por vontade de Deus... Os nossos Apóstolos também chegaram a saber, por nosso Senhor Jesus Cristo, que haveria discórdia por causa do título episcopal. Por esse motivo e em perfeita previsão do futuro, instituíram os acima mencionados e em seguida determinaram que, depois de sua morte, outros homens provados recebessem em sucessão o seu ministério.[23]

Esta corrente de serviço continua até hoje e continuará até o fim do mundo. Com efeito, o mandato que Jesus conferiu aos Apóstolos foi transmitido por eles aos seus sucessores. Ultrapassando a experiência do contato pessoal com Cristo, única e irrepetível, os Apóstolos transmitiram aos seus sucessores o mandato solene que haviam recebido do Mestre de espalhar-se pelo mundo. "Apóstolo" deriva precisamente do termo grego *apostéllein*, que significa "enviar".

> *Os Apóstolos foram mandados a evangelizar pelo Senhor Jesus Cristo. Jesus Cristo foi enviado por Deus. Assim, Cristo vem de Deus e os Apóstolos de Cristo.*
> — São Clemente de Roma

A missão apostólica — como mostra o texto de Mateus[24] — implica um serviço pastoral ("Ide, portanto, e fazei discípulos de todas as nações..."), litúrgica ("batizando-as")

---

[23] Clemente de Roma, *Ad Corinthios*, 42. 44: PG 1, 292.296
[24] Mt 28,19ss.

e profética ("ensinando-as a observar tudo quanto vos ordenei"), garantida pela proximidade do Senhor, até o fim dos tempos ("E eis que eu estou convosco todos os dias, até a consumação dos séculos").

Assim, mas diferentemente dos Apóstolos, nós também temos uma verdadeira e pessoal experiência da presença do Senhor Ressuscitado.

Assim, é o próprio Cristo que, através do ministério apostólico, se aproxima de quem é chamado à fé. A distância dos séculos é superada e o Ressuscitado oferece a si mesmo vivo e operante por nós, na Igreja e no mundo hoje.

Esta é a nossa grande alegria. No rio vivo da Tradição, Cristo não está distante dois mil anos, mas está realmente presente entre nós e nos dá a Verdade, nos dá a luz que nos faz viver e encontrar o caminho para o futuro.

CAPÍTULO QUATRO

Uma "Visão do Alto"[1]

Meditamos sobre a Tradição na Igreja e vimos que ela é a presença permanente da palavra e da vida de Jesus no meio do seu povo. Para estar presente, porém, a palavra precisa de uma pessoa, uma testemunha.

E assim nasce esta reciprocidade: de um lado, a palavra precisa da pessoa; de outro, a pessoa, a testemunha, está ligada à palavra que é confiada a ela, e não por ela inventada. Essa reciprocidade entre o conteúdo — Palavra de Deus, vida do Senhor — e a pessoa que a leva adiante é característica da estrutura da Igreja. Hoje vamos meditar sobre esse aspecto pessoal da Igreja.

Como vimos, o Senhor fundou a Igreja convocando os Doze, que representavam o futuro Povo de Deus. Fiéis ao mandato recebido do Senhor, depois da sua Ascensão, os Doze primeiro completam o seu número escolhendo Matias no lugar de Judas,[2] continuando assim a envolver outros nas funções a eles atribuídas para poder continuar o seu ministério.

---

[1] Papa Bento XVI, Audiência Geral, 10 de maio de 2006
[2] Cf. At 1,15-26

O próprio Ressuscitado chama Paulo,³ mas Paulo, mesmo chamado pelo Senhor como Apóstolo, compara o seu Evangelho com o Evangelho dos Doze,⁴ preocupa-se em transmitir o que havia recebido⁵ e na distribuição das tarefas missionárias, é associado aos apóstolos, junto com outros; com Barnabé,⁶ por exemplo. Como no início da condição de apóstolo há um chamado e um envio do Ressuscitado, assim o chamado e o envio subseqüentes de outros seriam realizados através do poder do Espírito e por obra de quem já está constituído no ministério apostólico. E este é o modo pelo qual esse ministério continuará, e que depois, a começar com a segunda geração, se chamará ministério episcopal, *episcopé*.

Talvez seja útil explicar rapidamente o significado da palavra "bispo". Essa é a forma portuguesa do termo grego *"epíscopos"*, que significa aquele que tem uma visão do alto, que olha com o coração. É assim que o próprio São Pedro chama Jesus em sua Primeira Epístola: bispo,⁷ "Pastor e Guardião das vossas almas".⁸

---

³ Cf. Gl 1,1
⁴ Cf. Ibid., 1,18
⁵ Cf. 1 Cor 11,23; 15,3-4
⁶ Cf. Gl 2,9
⁷ Nota do Editor da tradução inglesa: *A Revised Standard Version* (RSV) *traduz* episkopos *(bispo) aqui como "guardião". Uma tradução literal dessa passagem seria "Pastor e Bispo das vossas almas" ou "Pastor e Supervisor das vossas almas"*
⁸ 1 Pd 2,25

CAPÍTULO QUATRO • Uma "Visão do Alto"

De acordo com esse novo modelo do Senhor, que é o primeiro bispo, guardião e pastor das almas, os sucessores dos Apóstolos vieram mais tarde a ser chamados de bispos, "*episcopoi*". A eles foi confiada a função do episcopado. Essa função específica do Bispo evoluirá progressivamente, em comparação com as origens, até assumir a forma — já claramente atestada por Inácio de Antioquia[9] no início do século II — do tríplice ofício de Bispo, Presbítero e Diácono.

Esse desenvolvimento foi guiado pelo Espírito de Deus que ajuda a Igreja no discernimento das formas autênticas da Sucessão Apostólica, sempre mais claramente definidas entre a pluralidade de experiências e de formas carismáticas e ministeriais presentes nas primeiras comunidades.

Dessa forma, a sucessão na função episcopal se apresenta como a continuidade do ministério apostólico, garantia da permanência da Tradição apostólica, da palavra e da vida, confiadas a nós pelo Senhor. O elo entre o Colégio dos Bispos e a comunidade original dos Apóstolos é compreendido acima de tudo na linha da continuidade histórica.

Como vimos, primeiro Matias, depois Paulo e em seguida Barnabé se juntam aos Doze, e depois outros, até a formação, na segunda e terceira gerações, do ministério episcopal.

---

[9] Inácio de Antioquia, cf. *Ad Magnesios*, 6,1: PG 5, 668

A continuidade, portanto, se exprime nessa corrente histórica, e nessa sucessão continuada está a garantia da permanência, na Comunidade Eclesial, do Colégio Apostólico que Cristo havia reunido ao seu redor.

Essa continuidade, porém, que vemos primeiro na sucessão histórica de ministros, deve ser também entendida num sentido espiritual, porque a sucessão apostólica no ministério é considerada como lugar privilegiado da ação e da transmissão do Espírito Santo.

Encontramos um eco claro dessas convicções, por exemplo, no seguinte texto de Ireneu de Lion (segunda metade do século II):

> Todos os que desejam a verdade podem perceber em qualquer Igreja a tradição dos Apóstolos manifestada no mundo inteiro. E nós podemos enumerar os que os Apóstolos instituíram como bispos nas Igrejas, bem como suas sucessões até nossos dias... [Os Apóstolos] queriam, com efeito, que seus sucessores, recebendo o poder de ensinar em seu próprio lugar, fossem absolutamente perfeitos e irrepreensíveis em tudo; se sua conduta fosse perfeita, haveria um bem imenso, mas se fracassassem, o dano seria imenso.[10]

Irineu, pois, indicando aqui esta rede da sucessão apostólica como garantia da permanência da palavra do Senhor, se concentra naquela Igreja, "máxima, muito antiga e conhecida de todos, fundada e constituída em Roma

---

[10] Ireneu de Lion, *Adversus Haereses*, III, 3, 1: *PG* 7, 848

pelos dois gloriosíssimos Apóstolos Pedro e Paulo",[11] evidenciando a Tradição da fé que nela chega até nós desde os Apóstolos através da sucessão dos bispos.

Desse modo, para Ireneu e para a Igreja universal, a sucessão episcopal da Igreja de Roma se torna o sinal, o critério e a garantia da transmissão ininterrupta da fé apostólica:

> Com essa Igreja, em razão da sua mais poderosa autoridade (*propter potiorem principalitatem*), é necessário que concorde toda Igreja, isto é, os fiéis procedentes de todas as partes, pois nela sempre se conservou a Tradição que vem dos Apóstolos...[12]

A Sucessão Apostólica, verificada sobre a base da comunhão com a da Igreja de Roma, é portanto o critério da permanência das Igrejas particulares na Tradição da fé apostólica comum, que por esse canal chegou até nós desde os inícios:

> É nesta ordem e sucessão que a Tradição dada à Igreja desde os Apóstolos e a pregação da verdade chegaram até nós. E esta é a prova mais completa de que é única e sempre a mesma a fé vivificadora que, na Igreja desde os Apóstolos, se conservou até o dia de hoje e foi transmitida na verdade.[13]

---

[11] Ibid.
[12] Ibid., III, 3, 2: *PG* 7, 848
[13] Ibid., III, 3, 3: *PG* 7, 851

Segundo esse testemunho da Igreja antiga, a apostolicidade da comunhão eclesial consiste na fidelidade ao ensinamento e à práxis dos Apóstolos, através dos quais o vínculo histórico e espiritual da Igreja com Cristo é assegurado. A sucessão Apostólica do ministério episcopal é o meio que assegura a fiel transmissão do testemunho apostólico.

O que os Apóstolos representam na relação entre o Senhor Jesus e a Igreja das origens é analogamente representado pela sucessão ministerial na relação entre a Igreja primitiva e a Igreja atual. Não é uma simples seqüência material, mas, antes, um instrumento histórico de que o Espírito se serve para tornar presente o Senhor Jesus, Cabeça do seu povo, por meio daqueles que são ordenados para o ministério com a imposição das mãos e a oração dos bispos.

Como no início da condição de apóstolo há um chamado e um envio do Ressuscitado, assim o chamado e o envio subseqüentes de outros seriam realizados através do poder do Espírito por obra de quem já está constituído no ministério apostólico.

Conseqüentemente, através da Sucessão Apostólica, é Cristo que chega até nós: nas palavras dos Apóstolos e dos seus sucessores, é ele que nos fala; pelas mãos deles, é ele que atua nos sacramentos; no olhar deles, é o olhar dele que nos abraça e nos faz sentir amados e acolhidos no coração de Deus. E também hoje, como no início, o próprio Cristo é o verdadeiro "Pastor e Guardião das nossas almas"[14] a quem seguimos com profunda confiança, gratidão e alegria.

---

[14] 1 Pd 2,25

PARTE II

Os Apóstolos

CAPÍTULO CINCO

Pedro

O PESCADOR[1]

Depois de Jesus, Pedro é o personagem mais conhecido e citado nos escritos do Novo Testamento: é mencionado 154 vezes com o cognome *Pétros*, "pedra", "rocha", que é a tradução grega do nome aramaico que lhe foi dado diretamente por Jesus, *Cephas*, atestado 9 vezes, especialmente nas Cartas de Paulo; deve-se ainda acrescentar o freqüente nome *Simòn* (75 vezes), a forma helenizada do nome hebraico original "Simeòn" (2 vezes).[2]

Filho de João[3] ou, na forma aramaica, "*bar-Jona*, filho de Jonas",[4] Simão era de Betsaida,[5] uma pequena cidade a leste do mar da Galiléia, lugar de origem também de Filipe e naturalmente de André, irmão de Simão.

Simão falava com sotaque galileu. Como o irmão, ele também era pescador: com a família de Zebedeu, pai de

---

[1] Papa Bento XVI, Audiência Geral, 17 de maio de 2006
[2] At 15,14; 2 Pd 1,1
[3] Cf. Jo 1,42
[4] Cf. Mt 16,17
[5] Cf. Jo 1,44

Tiago e de João, dirigia uma pequena empresa pesqueira no lago de Genesaré.[6] Por isso, devia ter uma situação econômica razoável e era animado por um sincero interesse religioso, por um desejo de Deus — ele desejava que Deus interviesse no mundo — um desejo que o estimulou a ir com o seu irmão à Judéia para ouvir a pregação de João Batista.[7]

Simão era um judeu crente e praticante que confiava na presença ativa de Deus na história do seu povo e angustiado por não ver a ação potente de Deus nos acontecimentos de que era testemunha na época. Ele era casado e sua sogra, que Jesus curaria no futuro, morava na cidade de Cafarnaum, na casa onde Simão ficava hospedado quando estava nessa cidade.[8]

Escavações arqueológicas recentes levaram à descoberta, sob o pavimento de mosaico octogonal de uma pequena igreja bizantina, dos vestígios de uma igreja mais antiga construída sobre as ruínas dessa casa, como atestam grafitos com invocações a Pedro.

Os Evangelhos nos informam que Pedro está entre os primeiros quatro discípulos do Nazareno,[9] aos quais se soma um quinto (chamado Levi),[10] de acordo com o costume de todo "rabbi" de ter cinco discípulos. Quando

---

[6] Cf. Lc 5,10
[7] Jo 1,35-42
[8] Cf. Mt 8,14ss.; Mc 1,29ss.; Lc 4,38ss.
[9] Cf. Lc 5,1-11
[10] Cf. Lc 5,27

Jesus passa de cinco para doze discípulos,[11] fica evidente a novidade da sua missão: ele não é um a mais entre muitos rabis, mas veio para reunir o Israel escatológico, simbolizado pelo número doze, o número das tribos de Israel. Simão aparece nos Evangelhos com uma personalidade decidida e impulsiva: está disposto a impor suas opiniões inclusive à força (basta lembrar que usou a espada no Jardim das Oliveiras).[12] Ao mesmo tempo, é às vezes ingênuo e medroso, mas honesto, até o arrependimento mais sincero.[13]

Os Evangelhos nos permitem seguir Pedro passo a passo em sua caminhada espiritual. O ponto de partida é o chamado de Jesus. Esse chamado acontece num dia comum, enquanto Pedro realiza as suas tarefas de pescador. Jesus está na orla do lago de Genesaré e multidões se comprimem em torno dele para ouvi-lo. O número dos presentes cria um certo desconforto. O Mestre vê dois barcos ancorados à beira do lago; os pescadores haviam desembarcado e lavavam as suas redes. Ele então sobe num dos barcos, o de Simão, e pede-lhe que se afaste um pouco da terra. Sentando-se, ele começa a ensinar à multidão.[14] Assim o barco de Pedro se torna a cátedra de Jesus.

---

[11] Cf. Lc 9,1-6
[12] Cf. Jo 18,10ss.
[13] Cf. Mt 26,75
[14] Cf. Lc 5,1-3

Ao terminar de falar, Jesus diz a Simão: "Faze-te ao largo e lança as redes para a pesca."[15] Simão responde: "Mestre, trabalhamos a noite inteira sem nada apanhar; mas, porque mandas, lançarei as redes."[16] Jesus, um carpinteiro, não era um pescador habilidoso, mas Pedro, pescador, confia nesse rabi, que não lhe dá respostas, mas pede que confie nele.

A reação de Pedro diante da pesca milagrosa é de temor e tremor: "Afasta-te de mim, Senhor, porque sou um pecador!"[17] Jesus responde convidando-o a confiar e a abrir-se a um projeto que ultrapassa toda a sua expectativa: "Não tenhas medo; doravante serás pescador de homens."[18] Pedro ainda não podia imaginar que um dia chegaria em Roma e seria aqui um "pescador de homens" para o Senhor. Ele aceita esse chamado surpreendente, deixa-se envolver nessa grande aventura: ele é generoso, sabe que é limitado, mas acredita naquele que o chama e segue o sonho do seu coração. Ele diz "sim", um "sim" corajoso e generoso, e se torna discípulo de Jesus.

Pedro viverá outro momento importante da sua jornada espiritual perto de Cesaréia de Filipe, quando Jesus faz aos discípulos uma pergunta direta: "Quem dizem os homens que eu sou?"[19] Eles lhe respondem, mas para Jesus não basta uma resposta por ouvir dizer. Ele quer dos

---

[15] Lc 5,4
[16] Lc 5,5
[17] Lc 5,8
[18] Lc 5,10
[19] Mc 8,27

CAPÍTULO CINCO • Pedro

que aceitaram envolver-se pessoalmente com ele uma tomada de posição pessoal. Por isso, insiste: "E vós, quem dizeis que eu sou?"[20] É Pedro que responde em nome dos outros: "Tu és o Cristo",[21] isto é, o Messias. A resposta de Pedro, que não procede "da carne e do sangue", mas lhe foi dada pelo Pai que está nos céus,[22] contém em si como numa semente a futura confissão de fé da Igreja. Mas Pedro ainda não havia compreendido o profundo conteúdo da missão messiânica de Jesus, o novo sentido desta palavra: Messias.

Ele demonstra essa incompreensão um pouco depois, dando a entender que o Messias que está seguindo nos seus sonhos é muito diferente do verdadeiro plano de Deus. Diante do anúncio da Paixão, ele se escandaliza e protesta, provocando uma reação enérgica de Jesus.[23]

Pedro quer como Messias um "homem divino" que preencha as expectativas das pessoas impondo a sua força a todos: é também desejo nosso que o Senhor imponha sua força e transforme o mundo instantaneamente. Jesus se apresenta como um "Deus humano", o Servo de Deus, que subverte as expectativas da multidão tomando um caminho de humildade e sofrimento.

Esta é a grande alternativa que devemos aprender sempre de novo: dar prioridade às nossas expectati-

---

[20] Mc 8,29
[21] Ibid.
[22] Cf. Mt 16,17
[23] Cf. Mc 8,32-33

vas, rejeitando Jesus, ou aceitar Jesus na verdade da sua missão e pôr de lado todas as nossas expectativas humanas. Pedro, impulsivo como é, não hesita em chamar Jesus de lado e recriminá-lo. A resposta de Jesus destrói todas as suas expectativas, chamando-o ao mesmo tempo à conversão e a segui-lo: "Afasta-te de mim, Satanás, porque não pensas as coisas de Deus, mas as dos homens."[24] Não cabe a ti mostrar-me o caminho; eu tomo o meu caminho e tu deves seguir-me.

Parece-me que essas conversões de São Pedro em diferentes ocasiões, e toda a sua figura, são um grande consolo e uma grande lição para nós.

Pedro aprende assim o que significa realmente seguir Jesus. Esse é o seu segundo chamado, semelhante ao de Abraão em Gênesis 22, depois daquele em Gênesis 12: "Se alguém quiser vir após mim, negue-se a si mesmo, tome a sua cruz e siga-me. Pois aquele que quiser salvar a sua vida, irá perdê-la; mas o que perder a sua vida por causa de mim e do Evangelho, irá salvá-la."[25] Essa é a regra exigente do seguimento de Cristo: se necessário, é preciso saber renunciar ao mundo inteiro para salvar os verdadeiros valores, para salvar a alma, para salvar a presença de Deus no mundo.[26] Mesmo com dificuldade, Pedro aceita o convite e continua o seu caminho nas pegadas do Mestre.

---

[24] Mc 8,33
[25] Mc 8,34-35
[26] Cf. Mc 8,36-37

Parece-me que essas conversões de São Pedro em diferentes ocasiões, e toda a sua figura, são um grande consolo e uma grande lição para nós. Nós também temos um desejo de Deus, nós também queremos ser generosos, mas também nós esperamos que Deus seja forte no mundo e transforme o mundo imediatamente de acordo com as nossas idéias e as necessidades que vemos.

Deus escolhe um caminho diferente. Deus escolhe o caminho da transformação dos corações no sofrimento e na humildade. E nós, como Pedro, precisamos converter-nos, sempre de novo. Devemos seguir Jesus e não ir adiante dele: é ele que nos mostra o caminho.

Assim Pedro nos diz: Tu pensas ter a receita e que compete a ti transformar o cristianismo, mas é o Senhor que conhece o caminho. É o Senhor que diz a mim, que diz a ti: segue-me! E nós devemos ter a coragem e a humildade de seguir Jesus, porque ele é o Caminho, a Verdade e a Vida.[27]

O APÓSTOLO[28]

Refletimos sobre duas etapas decisivas da vida de São Pedro: o chamado — a seguir Jesus — perto do mar da Galiléia, e depois a confissão de fé: "Tu és o Cristo, o Messias." Uma confissão, dissemos, ainda insuficiente, inicial, e, no entanto, aberta. São Pedro se põe num cami-

---

[27] Cf. Jo 14,6
[28] Papa Bento XVI, Audiência Geral, 24 de maio de 2006

nho de seguimento. Assim, essa confissão inicial leva em si, como uma semente, a futura fé da Igreja.

Nesta seção queremos considerar dois outros eventos importantes na vida de São Pedro: a multiplicação dos pães e em seguida o convite do Senhor a Pedro para ser Pastor da Igreja universal.

Comecemos com a multiplicação dos pães. Vós sabeis que o povo estivera ouvindo o Senhor por horas. No fim, Jesus diz: Eles estão cansados e famintos; devemos dar de comer a essa gente. Os Apóstolos perguntam: Mas como? E André, irmão de Pedro, chama a atenção de Jesus para um menino que tinha com ele cinco pães e dois peixes. Mas o que é isso para tanta gente, perguntam os Apóstolos.[29]

O Senhor faz a multidão se sentar e manda os Apóstolos distribuir os cinco pães e os dois peixes. E todos ficam saciados; e mais, o Senhor dá aos Apóstolos — Pedro entre eles — a tarefa de recolher as abundantes sobras: doze cestos de pães.[30]

Em seguida, o povo, vendo esse milagre — que parece ser a renovação tão esperada de um novo "maná", da dádiva do pão do céu — quer transformar Jesus em rei, mas ele não aceita isso e se refugia na montanha para rezar sozinho. No dia seguinte, na outra margem do lago, na sinagoga de Cafarnaum, Jesus interpretou o milagre — não no sentido de uma realeza sobre Israel com um

---

[29] Cf. Jo 6,1-10
[30] Cf. Jo 6,12-13

CAPÍTULO CINCO • Pedro

poder deste mundo como as multidões esperavam, mas no sentido da entrega de si: "O pão que eu darei é a minha carne para a vida do mundo."[31]

Jesus anuncia a Cruz e com a Cruz a verdadeira multiplicação dos pães, o pão eucarístico — o seu modo absolutamente novo de ser rei, um modo totalmente contrário às expectativas das pessoas.

Podemos compreender que essas palavras do Mestre, que não quer realizar uma multiplicação dos pães todos os dias, que não quer oferecer a Israel um poder deste mundo, seriam realmente difíceis, na verdade inaceitáveis, para as pessoas. "Ele dá a sua carne": o que isso quer dizer?

E também para os discípulos parece inaceitável o que Jesus diz. Era e é para o nosso coração, para a nossa mentalidade, uma "palavra dura" que põe a fé à prova.[32] Muitos discípulos se afastaram de Jesus. Eles queriam alguém que realmente renovasse o Estado de Israel, do povo, e não um que dizia: "Eu dou a minha carne." Podemos imaginar que as palavras de Jesus foram difíceis também para Pedro, que em Cesaréia de Filipe havia protestado contra a profecia da cruz. No entanto, quando Jesus perguntou aos Doze: "Não quereis também vós partir?",[33] Pedro reagiu com o entusiasmo do seu generoso coração, guiado pelo Espírito Santo.

---

[31] Jo 6,51
[32] Cf. Jo 6,60
[33] Jo 6,67

Falando em nome de todos, ele respondeu com palavras imortais, que são também as nossas palavras: "Senhor, a quem iremos? Tens palavras de vida eterna e nós cremos e reconhecemos que tu és o Santo de Deus."[34]

Aqui, como em Cesaréia, com as suas palavras Pedro começa a confissão da fé cristológica da Igreja e se torna porta-voz também dos outros Apóstolos e de nós crentes de todos os tempos. Isso não significa que ele já havia compreendido o mistério de Cristo em toda a sua profundidade; a sua fé ainda era inicial, uma fé a caminho. Ela só alcançaria a verdadeira plenitude através da experiência dos eventos pascais.

Não obstante, já era fé, aberta à realidade maior, aberta especialmente porque não era fé em alguma coisa, mas fé em Alguém: n'Ele, Cristo.

Assim também a nossa fé é sempre uma fé inicial e ainda temos de percorrer um longo caminho. Mas é essencial que seja uma fé aberta e que nos deixemos guiar por Jesus, porque ele não só conhece o Caminho, mas é o Caminho.

A generosidade impetuosa de Pedro não o protege, porém, dos riscos ligados à fraqueza humana. De resto, é o que também nós podemos reconhecer em nossa vida. Pedro seguiu Jesus com entusiasmo; ele superou a prova da fé, abandonando-se a Cristo. Chega o momento, porém, em que ele cede ao medo e cai: ele trai o Mestre.[35]

---

[34] Cf. Jo 6,66-69
[35] Cf. Mc 14,66-72

A escola da fé não é uma marcha triunfal, mas uma jornada marcada diariamente pelo sofrimento e pelo amor, pelas provações e pela fidelidade. Pedro, que havia prometido fidelidade absoluta, conhece a amargura e a humilhação da negação: o homem arrogante aprende a difícil lição da humildade. Pedro também deve aprender que é fraco e que precisa de perdão. Quando finalmente sua atitude muda e ele compreende a verdade do seu fraco coração de pecador que crê, prorrompe num pranto de arrependimento libertador. Depois desse pranto ele está finalmente pronto para a sua missão.

Numa manhã de primavera, essa missão lhe será confiada pelo Ressuscitado. O encontro se realiza às margens do lago de Tiberíades. É o evangelista João que registra o diálogo entre Jesus e Pedro nessa circunstância.[36] Temos nesse registro um jogo de verbos muito significativo.

Em grego, o verbo *"filéo"* exprime o amor da amizade, terno, mas não oniabrangente, ao passo que o verbo *"agapáo"* significa o amor sem reservas, total e incondicional. Jesus pergunta a Pedro a primeira vez: "Simão... tu me amas (*agapâs-me*)"[37] com este amor total e incondicional?

Antes da experiência da traição, o Apóstolo certamente teria dito: "Eu te amo (*agapô-se*) incondicionalmente." Agora que conheceu a amarga tristeza da infidelidade, o drama da própria fraqueza, diz com humildade: "Senhor,

---

[36] Cf. Jo 21,15ss.
[37] Jo 21,15

tu sabes que te amo (*filô-se*)", isto é, "Eu te amo com o meu pobre coração humano." Cristo insiste: "Simão, tu me amas com este amor total que eu quero?" E Pedro repete a resposta do seu humilde amor humano: "*Kyrie, filô-se*" — "Senhor, eu te amo como sei amar." Na terceira vez Jesus diz a Simão somente: "*Fileîs-me?*" — "Tu me amas?"

Simão compreende que esse seu pobre amor é suficiente para Jesus, o único de que é capaz, e, no entanto, se entristece porque Jesus lhe fez três vezes a mesma pergunta. Por isso responde: "Senhor, tu sabes tudo; tu sabes que te amo (*filô-se*)."

Isto quer dizer que Jesus se pôs no mesmo nível de Pedro, em vez de Pedro adaptar-se a Jesus! É exatamente essa adaptação divina que dá esperança ao Discípulo, que conheceu o sofrimento da infidelidade.

Daqui nasce a confiança que lhe dá condições de seguir o Mestre até o fim: "Disse isso para indicar com que espécie de morte Pedro daria glória a Deus. Tendo falado assim, disse-lhe: 'Segue-me'."[38]

Desse dia em diante, Pedro "seguiu" o Mestre com a exata consciência da própria fragilidade; mas essa compreensão não o desencorajou. De fato, ele sabia que podia contar com a presença do Ressuscitado ao seu lado.

Do ingênuo entusiasmo da aceitação inicial, passando pela experiência dolorosa da negação e pelo pranto da conversão, Pedro conseguiu entregar-se àquele Jesus que

---

[38] Jo 21,19

se adaptou à sua pobre capacidade de amor. E assim ele mostra também a nós o caminho, apesar de toda a nossa fraqueza. Nós sabemos que Jesus se adapta a essa nossa fraqueza.

Nós o seguimos com a nossa pobre capacidade de amor e sabemos que Jesus é bom e nos aceita. Esse foi para Pedro um longo caminho que o transformou numa testemunha confiável, "pedra" da Igreja, porque ele estava constantemente aberto à ação do Espírito de Jesus.

Jesus se pôs no mesmo nível de Pedro, em vez de Pedro adaptar-se a Jesus! É exatamente essa adaptação divina que dá esperança ao Discípulo, que conheceu o sofrimento da infidelidade.

Pedro se qualifica como "testemunha dos sofrimentos de Cristo e participante da glória que há de ser revelada".[39] Quando escrever essas palavras, ele já será um homem idoso, dirigindo-se para o fim da sua vida, a ser selada com o martírio. Ele então estará em condições de descrever a verdadeira alegria e de indicar de onde ela pode ser extraída: a fonte está em crer em Cristo e amá-lo com a nossa fé, fraca, mas sincera, apesar da nossa fragilidade.

Por isso ele escreverá aos cristãos da sua comunidade, e diz também a nós: "A ele, embora não o tenhais visto, amais; nele, apesar de o não terdes visto, mas crendo, vos rejubilais com uma alegria inefável e gloriosa, pois que alcançais o fim da vossa fé, a saber, a salvação das vossas almas."[40]

---

[39] 1 Pd 5,1
[40] 1 Pd 1,8-9

A ROCHA[41]

Ao narrar o primeiro encontro de Jesus com Simão, irmão de André, o evangelista João registra um evento singular: "Jesus fitou-o e disse: És Simão, o filho de João. Chamar-te-ás Cefas (que quer dizer Pedro)."[42] Não era costume de Jesus mudar o nome dos discípulos, com exceção do apelido "filhos do trovão", que ele atribuiu aos filhos de Zebedeu[43] em circunstâncias específicas e não voltou a usá-lo. Ele nunca deu um novo nome a nenhum dos seus discípulos.

Mas fez isso com Simão, chamando-o de "Cefas". Esse nome foi mais tarde traduzido para o grego como *Petros* e para o latim como *Petrus*. E foi traduzido precisamente porque não era apenas um nome; era um "mandato" que *Petrus* recebia desse modo do Senhor. O novo nome *Petrus* ocorreria freqüentemente nos Evangelhos e acabou substituindo "Simão", seu nome original. Esse fato adquire importância especial quando se tem em mente que no Antigo Testamento uma mudança de nome em geral prenunciava a atribuição de uma missão.[44]

De fato, muitos sinais indicam o desejo de Cristo de dar a Pedro um destaque especial no Colégio Apostólico: em Cafarnaum o Mestre entra na casa de Pedro;[45] quando

---

[41] Papa Bento XVI, Audiência Geral, 7 de junho de 2006
[42] Jo 1,42
[43] Cf. Mc 3,17
[44] Cf. Gn 17,5; 32,28ss., etc.
[45] Cf. Mc 1,29

a multidão se comprime ao redor dele às margens do lago de Genesaré, ao ver dois barcos parados, Jesus escolhe o de Simão;[46] quando, em certas ocasiões, Jesus leva consigo só três discípulos, Pedro é sempre lembrado como o primeiro do grupo: como na ressurreição da filha de Jairo,[47] na Transfiguração[48] e durante a agonia no Jardim do Getsêmani.[49] E ainda: os coletores do imposto para o Templo se dirigem a Pedro, e o Mestre paga por si e por Pedro somente;[50] são os pés de Pedro que Jesus lava em primeiro lugar na Última Ceia,[51] e apenas para Pedro ele reza para que sua fé não desfaleça e ele possa confirmar os outros discípulos na fé.[52]

Além disso, o próprio Pedro tem consciência da sua posição especial: ele fala freqüentemente em nome dos outros, pedindo explicações sobre uma parábola difícil,[53] o sentido exato de um preceito[54] ou a promessa formal de uma recompensa.[55]

É Pedro em particular que resolve certas situações embaraçosas intervindo em nome de todos. Assim, quando

---

[46] Cf. Lc 5,3
[47] Cf. Mc 5,37; Lc 8,51
[48] Cf. Mc 9,2; Mt 17,1; Lc 9,28
[49] Cf. Mc 14,33; Mt 26,37
[50] Cf. Mt 17,24-27
[51] Cf. Jo 13,6
[52] Cf. Lc 22,30-31
[53] Cf. Mt 15,15
[54] Cf. Mt 18,21
[55] Cf. Mt 19,27

Jesus, entristecido pela incompreensão da multidão depois do discurso sobre o "pão da vida", pergunta: "Não quereis também vós ir?" A resposta de Pedro é peremptória: "Senhor, a quem iremos? Tens palavras de vida eterna."[56]

Igualmente decisiva é a profissão de fé que, uma vez mais em nome dos Doze, ele faz perto de Cesaréia de Filipe. Para a pergunta de Jesus: "E vós, quem dizeis que eu sou?", Pedro responde: "Tu és o Cristo, o filho do Deus vivo."[57] Jesus responde pronunciando a declaração solene que define o papel de Pedro na Igreja de uma vez por todas: "Também eu te digo que tu és Pedro, e sobre esta pedra edificarei a minha Igreja... Eu te darei as chaves do Reino dos Céus e o que ligares na Terra será ligado nos Céus, e o que desligares na Terra será desligado nos Céus."[58]

As três metáforas empregadas por Jesus são muito claras: Pedro será o *fundamento rochoso* sobre o qual Ele apoiará o edifício da Igreja; ele terá *as chaves* do Reino dos Céus para abri-lo ou fechá-lo a quem lhe parecer justo; por fim, ele poderá *ligar* ou *desligar*, no sentido de estabelecer ou proibir o que considerar necessário para a vida da Igreja. É sempre a Igreja de Cristo, não de Pedro.

Assim, imagens vívidas exprimem o que a reflexão posterior descreverá com o termo "primado de jurisdição".

---

[56] Cf. Jo 6,67-69
[57] Mt 16,15-16
[58] Mt 16,18-19

CAPÍTULO CINCO • Pedro

Essa posição de preeminência que Jesus quis conferir a Pedro reaparece também depois da Ressurreição: Jesus encarrega as mulheres de anunciá-la especialmente a Pedro, citando-o à parte dos outros Apóstolos;[59] é a Pedro e a João que Maria Madalena corre para informar que a pedra fora removida do sepulcro,[60] e João dará passagem a Pedro à entrada do túmulo quando chegarem no sepulcro vazio.[61]

Em seguida, Pedro será a primeira testemunha de uma aparição do Ressuscitado.[62] Seu papel, decisivamente evidenciado,[63] assinala a continuidade entre a preeminência que ele ocupava no grupo dos Apóstolos e a que ele continuará a ter na comunidade nascida com os eventos pascais, como atesta o livro dos Atos dos Apóstolos.[64]

> Pedro deve ser o guardião da comunhão com Cristo por todos os tempos. Ele deve guiar o povo à comunhão com Cristo; ele deve tomar medidas para que a rede não se rompa, e conseqüentemente para que a comunhão universal perdure. Somente juntos podemos estar com Cristo, que é o Senhor de todos.

O seu comportamento é considerado tão decisivo a ponto de suscitar comentários favoráveis e também críticas.[65]

No assim chamado Concílio de Jerusalém, Pedro exerce uma função diretiva,[66] e precisamente por ser uma

---

[59] Cf. Mc 16,7
[60] Cf. Jo 20,2
[61] Cf. Jo 20,4-6
[62] Cf. Lc 24,34; 1 Cor 15,5
[63] Cf. Jo 20,3-10
[64] Cf. 1,15-26; 2,14-40; 3,12-26; 4,8-12; 5,1-11.29; 8,14-17; 10; etc.
[65] Cf. At 11,1-18; Gl 2,11-14
[66] Cf. At 15; Gl 2,1-10

testemunha de fé autêntica, o próprio Paulo reconhecerá nele uma certa qualidade de "primeiro".[67]

Além disso, o fato de que vários textos importantes relacionados a Pedro podem ser remetidos ao contexto da Última Ceia, durante a qual Cristo confere a Pedro o ministério de confirmar os irmãos,[68] mostra que o ministério a ele confiado é um dos elementos constitutivos da Igreja, a qual nasce da comemoração da Páscoa celebrada na Eucaristia.

Esta contextualização do Primado de Pedro na Última Ceia, no momento da Instituição da Eucaristia, a Páscoa do Senhor, indica também o sentido último desse Primado: Pedro deve ser o guardião da comunhão com Cristo por todos os tempos. Ele deve guiar o povo à comunhão com Cristo; ele deve tomar medidas para que a rede não se rompa, e conseqüentemente para que a comunhão universal perdure. Somente juntos podemos estar com Cristo, que é o Senhor de todos.

Assim, Pedro é responsável por garantir a comunhão com Cristo, com o amor de Cristo, guiando as pessoas à realização desse amor na vida de cada dia. Rezemos para que o Primado de Pedro, confiado a pobres seres humanos, possa sempre ser exercido neste sentido originário desejado pelo Senhor e que seu verdadeiro significado possa assim ser sempre reconhecido pelos irmãos que ainda não participam plenamente da comunhão conosco.

---

[67] Cf. 1 Cor 15,5; Gl 1,18; 2,7ss., etc.
[68] Cf. Lc 22,31ss.

CAPÍTULO SEIS

André, o Protóclito[1]

No último capítulo, examinamos a figura de São Pedro. Agora, na medida em que as fontes o permitirem, queremos refletir sobre os outros onze Apóstolos. Veremos neste capítulo o irmão de Simão Pedro, Santo André. A primeira característica que chama a atenção em André é o seu nome: não é hebraico, como se poderia esperar, mas grego, sinal de uma certa abertura cultural em sua família que não podemos negligenciar. Estamos na Galiléia, onde a língua e a cultura gregas estão bastante presentes. André ocupa o segundo lugar na lista dos Doze, como em Mateus[2] e em Lucas;[3] ou o quarto, como em Marcos[4] e nos Atos.[5] Em todo caso, ele seguramente gozava de grande prestígio junto às primeiras comunidades cristãs.

---

[1] Papa Bento XVI, Audiência Geral, 14 de junho de 2006
[2] Mt 10,1-4
[3] Lc 6,13-16
[4] Mc 3,13-18
[5] At 1,13-14

O parentesco entre Pedro e André e o chamado que Jesus faz a ambos são mencionados explicitamente nos Evangelhos. Neles lemos: "Estando ele a caminhar junto ao mar da Galiléia, viu dois irmãos: Simão, chamado Pedro, e seu irmão André, que lançavam a rede ao mar, pois eram pescadores. Disse-lhes: 'Segui-me e eu vos farei pescadores de homens.'"[6]

O Quarto Evangelho nos revela outro detalhe importante: André havia sido anteriormente discípulo de João Batista, o que mostra que ele era um homem que buscava, que participava da esperança de Israel, que queria conhecer melhor a palavra do Senhor, a realidade do Senhor presente. Ele era verdadeiramente um homem de fé e de esperança; e um dia ouviu João Batista proclamar Jesus como "o Cordeiro de Deus";[7] ele então se sentiu estimulado e, com outro discípulo inominado, seguiu Jesus, a quem João Batista havia se referido como o "Cordeiro de Deus". O evangelista diz que "eles foram e viram onde [Jesus] morava, e permaneceram com ele aquele dia..."[8]

Assim, André viveu momentos de intimidade preciosos com Jesus. A narrativa continua com uma observação importante: "André, o irmão de Simão Pedro, era um dos dois que ouviram as palavras de João e seguiram Jesus. Encontrou primeiramente Simão e lhe disse: 'Encontramos o Messias' (que quer dizer Cristo). Ele o conduziu a

---

[6] Mt 4,18-19; Mc 1,16-17
[7] Jo 1,36
[8] Jo 1,37-39

Jesus",[9] demonstrando imediatamente um espírito apostólico incomum.

André, então, foi o primeiro dos Apóstolos a ser chamado a seguir Jesus. Precisamente por esse motivo, a liturgia da Igreja Bizantina o homenageia com o epíteto *"Protóklitos"* (protóclito) que significa exatamente "primeiro chamado".

É certo que também pela relação fraterna entre Pedro e André a Igreja de Roma e a Igreja de Constantinopla se sentem como Igrejas irmãs de modo muito especial. Para ressaltar essa relação, meu predecessor papa Paulo VI devolveu em 1964 a importante relíquia de Santo André, até então preservada na Basílica Vaticana, ao Bispo Metropolitano Ortodoxo da cidade de Patras, na Grécia, onde segundo a tradição o Apóstolo foi crucificado.

As tradições evangélicas mencionam o nome de André particularmente em outras três ocasiões, as quais nos possibilitam conhecer esse homem um pouco mais. A primeira é a da multiplicação dos pães na Galiléia. Nessa ocasião, foi André que referiu a Jesus a presença de um menino que tinha consigo cinco pães de cevada e dois peixes: pouca coisa, comentou, para tanta gente reunida naquele lugar.[10]

Neste caso, merece destaque o realismo de André. Ele percebeu o menino, isto é, já havia se perguntado: "Mas que é isso para tantas pessoas?"[11] e se deu conta dos recursos

---

[9] Jo 1,40-43
[10] Cf. Jo 6,8-9
[11] Ibid.

insuficientes de que dispunha. Jesus, porém, soube como torná-los suficientes para a multidão que viera ouvi-lo.

A segunda ocasião foi em Jerusalém. Saindo da cidade, um discípulo chamou a atenção de Jesus para o espetáculo dos resistentes muros que sustentavam o Templo. A resposta do Mestre foi surpreendente: disse que daqueles muros não restaria pedra sobre pedra. Então André, com Pedro, Tiago e João, perguntaram-lhe: "Dize-nos, quando será isso e qual o sinal de que todas essas coisas estarão para acontecer?"[12]

Para responder essa pergunta, Jesus pronunciou um importante discurso sobre a destruição de Jerusalém e sobre o fim do mundo, pedindo aos discípulos que lessem com perspicácia os sinais dos tempos e que estivessem sempre atentos.

Desse evento podemos deduzir que não devemos ter receio de fazer perguntas a Jesus, mas também que precisamos estar preparados para aceitar mesmo os ensinamentos surpreendentes e difíceis que ele nos oferece.

Por fim, os Evangelhos registram uma terceira iniciativa de André: o cenário é ainda Jerusalém, pouco antes da Paixão. João narra que alguns gregos haviam chegado na cidade para a festa da Páscoa e para adorar o Deus de Israel, provavelmente prosélitos ou homens tementes a Deus. André e Filipe, os dois Apóstolos com nomes gregos, serviram como intérpretes e mediadores desse pequeno grupo de gregos com Jesus.

---

[12] Mc 13,1-4

A resposta do Senhor à pergunta deles parece enigmática — como acontece muitas vezes no Evangelho de João — mas mesmo assim se revela plena de significado. Jesus disse aos dois discípulos e, através deles, ao mundo grego: "É chegada a hora em que será glorificado o Filho do Homem. Em verdade, em verdade vos digo: Se o grão de trigo que cai na terra não morrer, permanecerá só; mas se morrer, produzirá muito fruto."[13] Jesus quer dizer: Sim, o meu encontro com os gregos acontecerá, mas não como uma conversa simples e breve entre mim e algumas pessoas, motivadas acima de tudo pela curiosidade. A hora da minha glorificação virá com a minha morte, que pode ser comparada com a queda de um grão de trigo na terra. A minha morte na cruz produzirá frutos em abundância: na Ressurreição, o "grão de trigo morto" — símbolo de mim mesmo crucificado — se tornará o pão da vida para o mundo; será uma luz para os povos e as culturas.

Sim, o encontro com a alma grega, com o mundo grego, se realizará naquela profundidade a que alude o grão de trigo, que atrai a si mesmo as forças do Céu e da Terra e se torna pão.

Em outras palavras, Jesus estava profetizando sobre a Igreja dos gregos, a Igreja dos pagãos, a Igreja do mundo, como fruto da sua Páscoa.

Algumas tradições muito antigas vêem André, que comunicou essas palavras aos gregos, não só como o intérprete de alguns gregos no encontro com Jesus agora

---

[13] Jo 12,23-24

lembrado, mas o consideram como o Apóstolo dos gregos nos anos seguintes ao Pentecostes. Elas nos possibilitam saber que pelo resto da sua vida ele foi o anunciador e intérprete de Jesus para o mundo grego.

Pedro, seu irmão, viajou de Jerusalém, passando por Antioquia, até chegar em Roma para exercer a sua missão universal; André, por sua vez, foi o Apóstolo do mundo grego. E assim, tanto na vida como na morte, eles se revelam verdadeiros irmãos — uma fraternidade que é simbolicamente expressa nas relações mútuas especiais das Sedes de Roma e de Constantinopla, Igrejas verdadeiramente irmãs. Uma tradição mais recente, como foi mencionado, fala da morte de André em Patras, onde ele também sofreu a tortura da crucificação. Naquele momento supremo, porém, como seu irmão Pedro, ele pediu para ser pregado numa cruz diferente daquela de Jesus. No caso dele, foi uma cruz decussata, isto é, uma cruz diagonal ou em forma de X, que por isso passou a ser conhecida como "cruz de Santo André".

Como seu irmão Pedro, André pediu para ser pregado numa cruz diferente daquela de Jesus.

Segundo uma história antiga (do início do século VI), intitulada *Paixão de André*, são estas as palavras que o Apóstolo teria proferido naquela ocasião:

> Salve, ó cruz, inaugurada pelo corpo de Cristo e adornada com seus membros como se fossem pérolas preciosas. Antes que o Senhor subisse em ti, inspiravas um medo terreno. Agora, dotada de um amor celeste, és aceita como um presente.

Os crentes sabem da grande glória que possuis e da quantidade de dádivas que tens preparada. Venho a ti, por isso, confiante e cheio de alegria, para que também me recebas exultante como discípulo daquele que foi suspenso em ti... Ó cruz abençoada, que recebeste a majestade e a beleza dos membros do Senhor!... Toma-me, leva-me para longe dos homens e entrega-me ao meu Mestre, para que através de ti eu seja recebido por aquele que por ti me redimiu. Salve, ó Cruz; sim, salve verdadeiramente!

Como podemos ver, reside aqui uma profunda espiritualidade cristã, que vê a Cruz não tanto como um instrumento de tortura, mas como um meio inigualável para uma similaridade perfeita com o Redentor, com o grão de trigo caído na terra.

Temos aqui uma lição muito importante a aprender: as nossas cruzes adquirem valor se as consideramos e aceitamos como parte da Cruz de Cristo, se iluminadas pelo reflexo da sua luz.

É somente por essa cruz que também os nossos sofrimentos são dignificados e alcançam o seu verdadeiro significado.

O Apóstolo André, portanto, nos ensina a seguir Jesus com prontidão,[14] a falar com entusiasmo sobre ele aos que encontramos, e especialmente a cultivar uma relação de verdadeira familiaridade com ele, bem conscientes de que somente nele podemos encontrar o sentido último da nossa vida e da nossa morte.

---

[14] Cf. Mt 4,20; Mc 1,18

CAPÍTULO SETE

Tiago Maior[1]

Falamos de São Pedro e do seu irmão André. Hoje encontramos a figura de Tiago. As listas bíblicas dos Doze mencionam duas pessoas com este nome: Tiago, filho de Zebedeu, e Tiago, filho de Alfeu,[2] em geral distinguidos com os cognomes "Tiago Maior" e "Tiago Menor".

Sem dúvida, essas designações não têm o objetivo de mensurar sua santidade, mas simplesmente mostrar o grau diferente de importância que eles recebem nos escritos do Novo Testamento e, em particular, no quadro da vida terrena de Jesus. Hoje dirigimos a nossa atenção à primeira dessas duas figuras com o mesmo nome.

O nome "Tiago" é a tradução de *Iákobos*, a forma grecizada do nome do célebre patriarca, Jacó. O apóstolo assim chamado era irmão de João e nas listas acima mencionadas ocupa o segundo lugar, imediatamente depois de Pedro, como acontece em Marcos;[3] ou o terceiro lugar, depois de Pedro e André, como nos Evangelhos de

---

[1] Papa Bento XVI, Audiência Geral, 21 de junho de 2006
[2] Cf. Mc 3,17.18; Mt 10,2-3
[3] Mc 3,17

Mateus[4] e Lucas,[5] enquanto nos Atos ele aparece depois de Pedro e João.[6] Com Pedro e João, este Tiago pertence ao grupo dos três discípulos privilegiados que estiveram com Jesus em momentos importantes da sua vida. Quero mencionar aqui apenas duas dessas ocasiões. Tiago pôde participar, com Pedro e João, da agonia de Jesus no Horto do Getsêmani e do evento da Transfiguração de Jesus. Estas são situações bem diferentes uma da outra: em um caso, Tiago, com os outros dois Apóstolos, experimenta a glória do Senhor e o vê falando com Moisés e Elias; ele vê o esplendor divino transparecer em Jesus.

Na outra ocasião, ele se encontra diante do sofrimento e da humilhação; ele vê com os próprios olhos como o Filho de Deus se humilha fazendo-se obediente até a morte. Certamente a segunda experiência constituiu para ele uma oportunidade de amadurecimento na fé, para ajustar a interpretação unilateral, triunfalista da primeira experiência: ele precisava entender que o Messias, esperado pelo povo judeu como vitorioso, na realidade estava não somente rodeado de honra e glória, mas também de sofrimento e fraqueza. A glória de Cristo se realiza exatamente na Cruz, na participação nos nossos sofrimentos.

Esse amadurecimento na fé foi levado a termo pelo Espírito Santo no Pentecostes, para que Tiago, no momento do testemunho supremo, não recuasse. No início

---

[4] Mt 10,2
[5] Lc 6,14
[6] At 1,13

dos anos 40 do século I, o rei Herodes Agripa, neto de Herodes, o Grande, como nos informa Lucas, "começou a perseguir alguns membros da Igreja, e mandou matar à espada Tiago, irmão de João".[7]

A brevidade da informação, desprovida de todo detalhe narrativo, revela, por um lado, como era normal para os cristãos dar testemunho do Senhor com a própria vida, e por outro, que Tiago ocupava uma posição de relevância na Igreja de Jerusalém, em parte por causa do papel que desempenhou durante a existência terrena de Jesus.

Assim Tiago Maior se põe diante de nós como exemplo eloqüente de generosa adesão a Cristo. Ele, que inicialmente havia pedido, por intermédio de sua mãe, para sentar-se com o irmão ao lado do Mestre no seu Reino, foi precisamente o primeiro a beber o cálice da paixão e a dividir o martírio com os Apóstolos.

Uma tradição mais recente, remontando pelo menos a Isidoro de Sevilha, menciona uma visita que ele fez à Espanha para evangelizar essa importante região do império romano. Segundo outra tradição, o seu corpo é que foi levado à Espanha, à cidade de Santiago de Compostela.

Como todos sabemos, esse lugar se tornou objeto de grande veneração e ainda é o destino de inúmeras peregrinações, não só da Europa, mas do mundo inteiro. Isso explica a representação iconográfica de São Tiago com o bastão do peregrino e o rolo do Evangelho na mão, características do apóstolo itinerante dedicado ao anúncio da "boa notícia" e símbolos da peregrinação da vida cristã.

---

[7] At 12,1-2

Conseqüentemente, podemos aprender muitas coisas de São Tiago: presteza em aceitar o chamado do Senhor, mesmo quando ele nos pede para deixar o "barco" das nossas seguranças humanas, entusiasmo em segui-lo nos caminhos que ele nos indica para além de toda a nossa presunção ilusória, a disponibilidade para testemunhá-lo com coragem até o sacrifício supremo da vida, se necessário.

Assim Tiago Maior se põe diante de nós como exemplo eloqüente de generosa adesão a Cristo. Ele, que inicialmente havia pedido, por intermédio de sua mãe, para sentar-se com o irmão ao lado do Mestre no seu Reino, foi precisamente o primeiro a beber o cálice da paixão e a dividir o martírio com os Apóstolos.

E no fim, resumindo tudo, podemos dizer que a jornada, não só exterior, mas acima de tudo interior, do monte da Transfiguração ao monte da Agonia, simboliza toda a peregrinação da vida cristã, entre as perseguições do mundo e as consolações de Deus, como diz o Concílio Vaticano II. Seguindo Jesus como São Tiago, sabemos que, mesmo nas dificuldades, estamos no caminho certo.

CAPÍTULO OITO

Tiago Menor[1]

Ao lado da figura de Tiago Maior, filho de Zebedeu, de quem falamos no último capítulo, um outro Tiago aparece nos Evangelhos, conhecido como "Menor". Ele também faz parte da lista dos Doze Apóstolos escolhidos pessoalmente por Jesus, e é sempre especificado como "filho de Alfeu".[2] Ele foi muitas vezes identificado com outro Tiago, chamado "o Jovem",[3] filho de uma certa Maria,[4] possivelmente "Maria de Clopas" que, segundo o Quarto Evangelho, estava aos pés da cruz com a Mãe de Jesus.[5]

Ele também era proveniente de Nazaré e provavelmente parente de Jesus;[6] seguindo o costume semítico, ele é chamado de "irmão".[7]

---

[1] Papa Bento XVI, Audiência Geral, 28 de junho de 2006
[2] Mt 10,3; Mc 3,18; Lc 5; At 1,13
[3] Cf. Mc 15,40
[4] Cf. Ibid.
[5] Cf. Jo 19,25
[6] Cf. Mt 13,55; Mc 6,3
[7] Mc 6,3; Gl 1,19

O livro dos Atos dos Apóstolos destaca o papel proeminente que este último Tiago exerceu na Igreja de Jerusalém. No Concílio Apostólico lá celebrado depois da morte de Tiago Maior, ele declarou, com os demais apóstolos, que os pagãos podiam ser recebidos na Igreja sem primeiro ter de submeter-se à circuncisão.[8] São Paulo, que lhe atribui uma aparição específica do Ressuscitado,[9] por ocasião de sua visita a Jerusalém, menciona-o inclusive antes de Cefas-Pedro, qualificando-o como "coluna" daquela Igreja em igualdade de condições com Pedro.[10]

Em seguida, os judeu-cristãos o consideraram seu principal ponto de referência. A Carta que leva o nome de Tiago é também atribuída a ele e está incluída no cânone do Novo Testamento. Nela, ele não é apresentado como um "irmão do Senhor", mas como um "servo de Deus e do Senhor Jesus Cristo".[11]

Os estudiosos debatem a questão da identidade dessas duas figuras de mesmo nome, Tiago, filho de Alfeu, e Tiago, "irmão do Senhor". Com referência ao período da vida terrena de Jesus, as tradições evangélicas não preservaram para nós nenhum relato quer a respeito do primeiro quer do segundo.

Os Atos dos Apóstolos, por outro lado, revelam que um certo "Tiago" exerceu papel muito importante na Igre-

---

[8] Cf. At 15,13
[9] Cf 1 Cor 15,7
[10] Cf. Gl 2,9
[11] 11. Tg 1,1

ja primitiva, como já mencionamos, depois da Ressurreição de Jesus.[12]

O ato mais relevante por ele realizado foi a intervenção na questão da difícil relação entre os cristãos de origem judaica e os de origem pagã: nessa questão, com Pedro, ele contribuiu para superar, ou melhor, para integrar a dimensão judaica original do cristianismo com a exigência de não impor aos pagãos convertidos a obrigação de submeter-se a todas as normas da Lei de Moisés. O livro dos Atos preservou para nós a solução de compromisso proposta precisamente por Tiago e aceita por todos os Apóstolos presentes, segundo a qual aos pagãos que acreditassem em Jesus Cristo devia-se somente pedir que se abstivessem da prática idólatra de comer a carne de animais imolados em sacrifício aos deuses, e da "impudicícia", termo que provavelmente alude às uniões matrimoniais irregulares. Na prática, tratava-se de aderir apenas a poucas proibições consideradas importantes pela legislação mosaica.

Assim, dois resultados importantes e complementares foram obtidos, ambos válidos até os dias atuais: por um lado, reconheceu-se a relação indissolúvel que liga o cristianismo à religião judaica, como a sua matriz perenemente viva e válida; por outro, os cristãos de origem pagã tiveram permissão de manter a própria identidade sociológica que teriam perdido se tivessem sido forçados

---

[12] 12. Cf. At 12,17; 15,13-21; 21,18

a observar os assim chamados "preceitos cerimoniais" de Moisés.

Desse momento em diante, esses preceitos não deviam mais ser considerados obrigatórios para os pagãos convertidos. Em essência, essa decisão deu origem a uma prática de estima e respeito mútuos que, apesar de incompreensões posteriores lamentáveis, visava por sua natureza a salvaguardar o que era característico de cada uma das duas partes.

O ato mais relevante por ele realizado foi a intervenção na questão da difícil relação entre os cristãos de origem judaica e os de origem pagã: nessa questão, com Pedro, ele contribuiu para superar, ou melhor, para integrar a dimensão judaica original do cristianismo com a exigência de não impor aos pagãos convertidos a obrigação de submeter-se a todas as normas da Lei de Moisés.

A informação mais antiga sobre a morte deste Tiago nos é dada pelo historiador judeu Flávio Josefo. Nas suas *Antiguidades Judaicas*,[13] redigidas em Roma pelo fim do século I, ele diz que a morte de Tiago foi decidida com iniciativa ilegítima pelo Sumo Sacerdote Anano, filho do Anás atestado nos Evangelhos, o qual, no ano 62, aproveitando o intervalo entre a deposição de um procurador romano (Festo) e a chegada do seu sucessor (Albino), mandou apedrejá-lo.

Além do apócrifo *Proto-Evangelho de Tiago*, que exalta a santidade e a virgindade de Maria, Mãe de Jesus, ao nome deste Tiago está particularmente ligada a *Carta* que leva o seu nome. No cânone do Novo Testamento, ela

---

[13] Flávio Josefo, *Antiguidades Judaicas* 20,201s.

ocupa o primeiro lugar entre as assim chamadas "Epístolas Católicas", isto é, as que não eram destinadas a uma só Igreja particular – como Roma, Éfeso, etc. – mas a muitas Igrejas.

Trata-se de um escrito realmente importante que insiste muito na necessidade de não reduzir a nossa fé a uma declaração puramente verbal ou abstrata, mas a expressá-la na prática em boas ações. Entre outras coisas, ele nos convida a ser constantes nas provações, aceitas com alegria, e a rezar com confiança para obter de Deus o dom da sabedoria, graças à qual podemos compreender que os verdadeiros valores da vida não estão nas riquezas transitórias, mas antes na capacidade de dividir as próprias posses com os pobres e os necessitados.[14]

Assim, a Carta de São Tiago nos mostra um cristianismo muito concreto e prático. A fé deve realizar-se na vida, acima de tudo no amor ao próximo e especialmente na dedicação aos pobres. É sobre esse pano de fundo que deve ser lida também a famosa frase: "Com efeito, como o corpo sem o sopro da vida é morto, assim também é morta a fé sem obras."[15]

Às vezes, essa declaração de São Tiago foi considerada oposta às afirmações de Paulo, que afirma que somos justificados por Deus não em virtude das nossas ações, mas graças à nossa fé.[16] No entanto, se as duas frases, aparen-

---

[14] Cf. Tg 1,27
[15] Tg 2,26
[16] Cf. Gl 2,16; Rm 3,28

temente contraditórias com suas diferentes perspectivas, na realidade, se bem interpretadas, elas se completam.

São Paulo se opõe ao orgulho do homem que pensa que não precisa do amor de Deus que nos precede; opõe-se ao orgulho da autojustificação sem a graça, simplesmente dada e não merecida.

São Tiago, por sua vez, fala das obras como fruto normal da fé: "Toda árvore boa produz bons frutos",[17] diz o Senhor. São Tiago repete essas palavras e as dirige a nós.

Por fim, a carta de Tiago nos exorta a abandonar-nos nas mãos de Deus em tudo o que fazemos, pronunciando sempre as palavras: "Se o Senhor quiser".[18] Assim, ele nos ensina a não imaginar que podemos planejar a nossa vida de modo autônomo e interesseiro, mas a dar espaço à vontade imperscrutável de Deus, que conhece o que é verdadeiramente bom para nós.

Dessa forma, São Tiago continua sendo um mestre de vida sempre atual para cada um de nós.

---

[17] Mt 7,17
[18] Tg 4,15

CAPÍTULO NOVE

João

FILHO DE ZEBEDEU[1]

Dedicamos este capítulo à lembrança de outro membro muito importante do colégio apostólico: João, filho de Zebedeu e irmão de Tiago. Seu nome tipicamente judeu significa: "O Senhor operou graça." Ele estava remendando as suas redes às margens do lago de Tiberíades quando Jesus chamou a ele e a seu irmão.[2]

João faz parte do restrito grupo que Jesus leva consigo em determinadas ocasiões. Está com Pedro e Tiago quando Jesus entra na casa de Pedro em Cafarnaum para curar a sua sogra;[3] com os outros dois acompanha o Mestre até a casa de Jairo, chefe da sinagoga, cuja filha ele ressuscitará;[4] ele sobe com Jesus o monte que será o cenário da Transfiguração.[5]

---

[1] Papa Bento XVI, Audiência Geral, 5 de julho de 2006
[2] Cf. Mt 4,21; Mc 1,19
[3] Cf. Mc 1,29
[4] Cf. Mc 5,37
[5] Cf. Mc 9,2

Ele está ao lado do Senhor no monte das Oliveiras quando, diante da imponência do Templo de Jerusalém, Jesus fala sobre o fim da cidade e do mundo;[6] e por fim, João está perto de Jesus no jardim do Getsêmani quando ele se afasta para rezar ao Pai antes da Paixão.[7]

Pouco antes da Páscoa, quando Jesus escolhe dois discípulos para mandá-los preparar a sala para a Ceia, ele designa João e Pedro para a realização dessa tarefa.[8]

Sua posição de destaque no grupo dos Doze ajuda-nos de certo modo a compreender a iniciativa tomada um dia por sua mãe: ela se aproximou de Jesus pedindo-lhe que dissesse a seus dois filhos, João e Tiago, que se sentassem um à sua direita e outro à sua esquerda no Reino.[9]

Como sabemos, Jesus respondeu fazendo-lhes uma pergunta: perguntou se eles estavam preparados para beber o cálice que ele estava para beber.[10] A intenção por trás dessas palavras era abrir os olhos dos dois discípulos, introduzi-los ao conhecimento do mistério de sua pessoa e sugerir-lhes o futuro chamado: ser suas testemunhas até a prova suprema do sangue.

Pouco depois, Jesus explicou que não viera para ser servido, mas para servir e dar a vida em resgate de muitos.[11]

---

[6] Cf. Mc 13,3
[7] Cf. Mc 14,33
[8] Cf. Lc 22,8
[9] Cf. Mt 20,20-21
[10] Cf. Mt 20,22
[11] Cf. Mt 20,28

CAPÍTULO NOVE • João

Nos dias seguintes à ressurreição, encontramos os "filhos de Zebedeu" atarefados com Pedro e alguns outros discípulos numa noite em que não pescaram nada, mas que, com a intervenção do Ressuscitado, transformou-se numa pesca milagrosa: foi o "discípulo que Jesus amava" que primeiro reconheceu "o Senhor" e o identificou para Pedro.[12]

Na Igreja de Jerusalém, João ocupou uma posição importante na condução do primeiro grupo de cristãos. Com efeito, Paulo o relaciona entre os que chama de "colunas" dessa comunidade.[13] Nos Atos, Lucas o apresenta com Pedro quando eles vão rezar no templo[14] ou quando comparecem diante do Sinédrio para testemunhar a sua fé em Jesus Cristo.[15]

Com Pedro, ele é enviado pela Igreja de Jerusalém para confirmar aqueles que na Samaria acolheram o Evangelho, rezando para que recebam o Espírito Santo.[16] De modo particular, lembremos o que ele afirma, com Pedro, diante do Sinédrio que os está acusando: "Não podemos deixar de falar das coisas que vimos e ouvimos."[17]

É precisamente essa franqueza em confessar a fé que subsiste como exemplo e advertência para que todos estejamos sempre prontos a declarar com decisão a nossa

---

[12] Cf. Jo 21,1-13
[13] Cf. Gl 2,9
[14] Cf. At 3,1-4, 11
[15] Cf. At 4,13, 19
[16] Cf. At 8,14-15
[17] At 4,20

adesão inabalável a Cristo, antepondo a fé a todo cálculo ou interesse humano.

Segundo a tradição, João é o "discípulo predileto", que no Quarto Evangelho reclina a cabeça sobre o peito do Mestre durante a Última Ceia,[18] está aos pés da Cruz com a Mãe de Jesus[19] e, por fim, é testemunha tanto do túmulo vazio como da própria presença do Ressuscitado.[20]

Sabemos que essa identificação é hoje discutida pelos estudiosos, alguns dos quais vêem nele apenas o protótipo do discípulo de Jesus. Deixando aos exegetas a tarefa de resolver a questão, contentemo-nos aqui em aprender uma lição importante para a nossa vida: o Senhor quer fazer de cada um de nós um discípulo que vive uma amizade pessoal com Ele.

Para realizar isso, não basta segui-lo e ouvi-lo exteriormente: é também necessário viver com ele e como ele. Isso só é possível no contexto de uma relação de profunda familiaridade, imbuída do calor de uma confiança total. Isto é o que acontece entre amigos; por isso Jesus disse um dia: "Ninguém tem maior amor do que aquele que dá a vida por seus amigos... Já não vos chamo servos, porque o servo não sabe o que seu senhor faz; mas eu vos

---

[18] Cf. Jo 13,23
[19] Cf. Jo 19,25
[20] Cf. Jo 20,2; 21,7

chamo amigos, porque tudo o que ouvi do meu Pai eu vos dei a conhecer."[21]

Nos apócrifos *Atos de João*, o Apóstolo não é apresentado como fundador de Igrejas nem como líder de comunidades já constituídas, mas como itinerante contínuo, comunicador da fé no encontro com "almas capazes de esperar e de ser salvas".[22]

Tudo é movido pela intenção paradoxal de tornar visível o invisível. E de fato a Igreja Oriental o chama simplesmente de "o Teólogo", isto é, aquele que é capaz de falar em termos acessíveis das coisas divinas, revelando um arcano acesso a Deus através da adesão a Jesus.

A devoção ao Apóstolo João consolidou-se a partir da cidade de Éfeso onde, segundo uma antiga tradição, ele trabalhou durante muitos anos e no fim morreu numa idade extraordinariamente avançada, durante o reinado do imperador Trajano.

No século VI, o imperador Justiniano mandou construir em Éfeso uma grande basílica em homenagem ao Apóstolo João, da qual ainda restam imponentes ruínas. Precisamente no Oriente, ele foi e ainda é muito venerado.

Na iconografia bizantina, ele é freqüentemente representado em idade avançada — segundo a tradição, ele morreu sob o imperador Trajano — e em ato de profunda

---

[21] Jo 15,13, 15
[22] *Atos de João* 18,10; 23,8

contemplação, na atitude, por assim dizer, de quem convida ao silêncio.

É precisamente a franqueza de João em confessar a sua fé que subsiste como exemplo e advertência para que todos estejamos sempre prontos a declarar com decisão a nossa adesão inabalável a Cristo, antepondo a fé a todo cálculo ou interesse humano.

Na verdade, sem recolhimento adequado é impossível aproximar-se do mistério supremo de Deus e da sua revelação. Isso explica por que, anos atrás, Atenágoras, Patriarca Ecumênico de Constantinopla, a quem o papa Paulo VI abraçou num memorável encontro, disse: "João está na origem da nossa mais elevada espiritualidade. Como ele, os "silenciosos" conhecem aquele misterioso intercâmbio de corações, invocam a presença de João e seu coração se inflama."[23]

O Senhor nos ajude a estudar na escola de João para aprender a grande lição de amor, de modo a nos sentirmos amados por Cristo "até o fim"[24] e vivermos nossa vida por ele.

O TEÓLOGO[25]

Os Apóstolos eram companheiros itinerantes de Jesus, amigos de Jesus. Sua caminhada com Jesus não era só exterior, da Galiléia a Jerusalém, mas também interior, durante a qual aprenderam a fé em Jesus Cristo, não sem dificuldades, porque eram homens como nós.

---

[23] O. Clément, *Dialoghi con Atenagora*, Turim, 1972, p. 159
[24] Jo 13,1
[25] Papa Bento XVI, Audiência Geral, 9 de agosto de 2006

Mas exatamente por isso, porque eram companheiros itinerantes de Jesus, que firmaram sua fé numa jornada nada fácil, eles são também guias para nós, ajudando-nos a conhecer Jesus Cristo, a amá-lo e a crer nele.

Já falei sobre quatro dos Doze Apóstolos: Simão Pedro, André, seu irmão, Tiago, irmão de João, e o outro Tiago, chamado "Menor", que escreveu uma Carta que encontramos no Novo Testamento. E comecei a falar sobre João, o Evangelista. Eu gostaria agora de concentrar a atenção no conteúdo dos seus ensinamentos. Assim, os escritos que queremos examinar neste capítulo são o Evangelho e as Cartas que levam o seu nome.

Se há um tema característico que emerge dos escritos de João, esse tema é o amor. Não por acaso, eu quis começar a minha primeira Carta Encíclica com estas palavras do Apóstolo, "Deus é amor (*Deus caritas est*); aquele que permanece no amor permanece em Deus e Deus permanece nele".[26] É muito difícil encontrar textos desse gênero em outras religiões. Assim, palavras como essas nos põem diante de um dado verdadeiramente peculiar do cristianismo.

Certamente João não é o único autor das origens cristãs a falar do amor. Sendo este um componente essencial do cristianismo, todos os escritores do Novo Testamento falam dele, embora com diferentes ênfases.

Se agora nos detemos para refletir sobre este tema em João, é porque ele traçou as suas principais caracterís-

---

[26] 1 Jo 4,16

ticas com insistência e de maneira incisiva. Confiamos, portanto, nas suas palavras. Uma coisa é certa: ele não aborda o amor em termos abstratos, filosóficos e nem mesmo teológicos.

Não, ele não é um teórico. O verdadeiro amor, de fato, por sua natureza, nunca é puramente especulativo, mas faz referência direta, concreta e mesmo verificável a pessoas reais. Pois bem, João, como Apóstolo e amigo de Jesus, faz-nos ver quais são os componentes, ou melhor, as fases do amor cristão, um movimento caracterizado por três momentos.

O primeiro diz respeito à própria Fonte do amor, que o Apóstolo identifica com Deus, chegando a afirmar que "Deus é amor".[27] João é o único autor do Novo Testamento que quase nos dá uma espécie de definição de Deus. Ele diz, por exemplo, que "Deus é espírito"[28] ou que "Deus é luz".[29] Aqui ele proclama com intuição irradiante que "Deus é amor".

Note-se bem: não se afirma meramente que "Deus ama" ou mesmo que "amor é Deus"! Em outras palavras: João não se limita a descrever a ação divina, mas vai até as suas raízes.

Além disso, ele não atribui uma qualidade divina a um amor genérico e mesmo impessoal; ele não parte do amor para chegar a Deus, mas se dirige diretamente a

---

[27] 1 Jo 4,8, 16
[28] Jo 4,24
[29] 1 Jo 1,5

Deus para definir a sua natureza com a dimensão infinita do amor.

Com isso João quer dizer que o componente essencial de Deus é amor e, portanto, que toda atividade de Deus nasce do amor e é impressa com amor: tudo o que Deus faz, ele faz por amor e com amor, mesmo se nem sempre conseguimos compreender imediatamente que isso é amor, verdadeiro amor.

Neste ponto, porém, é indispensável dar um passo adiante e explicar que Deus demonstrou concretamente seu amor entrando na história humana através da Pessoa de Jesus Cristo, encarnado, morto e ressuscitado por nós.

Este é o segundo momento constitutivo do amor de Deus. Ele não se limitou a declarações verbais, mas, podemos dizer, se comprometeu verdadeiramente e "pagou" na primeira pessoa.

Exatamente como João escreve: "Deus amou tanto o mundo", isto é, todos nós, "que entregou o seu filho único".[30] Desde então, o amor de Deus pela humanidade se concretiza e manifesta no amor do próprio Jesus.

João escreve ainda: "Tendo amado os seus que estavam no mundo, amou-os até o fim."[31] Em virtude desse amor oblativo e total, somos radicalmente resgatados do pecado, como também escreve São João: "Meus filhinhos... se alguém pecar, temos como advogado, junto do

---

[30] Jo 3,16
[31] Jo 13,1

Pai, Jesus Cristo, o Justo. Ele é a vítima de expiação pelos nossos pecados. E não somente pelos nossos, mas também pelos de todo o mundo."[32]

Eis até onde chega o amor de Jesus por nós: até o derramamento do próprio sangue por nossa salvação! O cristão, permanecendo em contemplação diante desse "excesso" de amor, não pode fazer outra coisa senão perguntar-se qual possa ser a resposta apropriada. E eu penso que cada um de nós, sempre de novo, deve perguntar-se isto.

João quer dizer que o componente essencial de Deus é amor e, portanto, que toda atividade de Deus nasce do amor e é impressa com amor: tudo o que Deus faz, ele faz por amor e com amor, mesmo se nem sempre conseguimos compreender imediatamente que isso é amor, verdadeiro amor.

Essa pergunta nos introduz no terceiro momento da dinâmica do amor: de destinatários receptivos de um amor que nos precede e ultrapassa, somos chamados ao compromisso de uma resposta ativa que, para ser adequada, só pode ser uma resposta de amor.

João fala de um "mandamento". Ele de fato se refere a estas palavras de Jesus: "Dou-vos um mandamento novo: que vos ameis uns aos outros. Como eu vos amei, amai-vos também uns aos outros."[33]

Onde está a novidade a que Jesus se refere? Ela está no fato de que ele não se satisfaz em repetir o que já fora pedido no Antigo Testamento e que também lemos em

---

[32] 1 Jo 2,1-2; cf. 1 Jo 1,7
[33] Jo 13,34

outros Evangelhos: "Amarás o teu próximo como a ti mesmo."³⁴

No antigo preceito, o critério normativo se baseava no homem ("como a ti mesmo"), enquanto no preceito a que João se refere, Jesus apresenta a sua própria pessoa como motivo e norma do nosso amor: "como eu vos amei."

É assim que o amor se torna verdadeiramente cristão, levando em si a novidade do cristianismo: seja no sentido de que deve ser dirigido a todos sem distinção, seja acima de tudo enquanto deve chegar até as últimas conseqüências, não havendo outra medida senão ser sem medida.

Estas palavras de Jesus, "como eu vos amei", nos convidam e ao mesmo tempo nos inquietam; são uma meta cristológica que pode parecer inalcançável, mas ao mesmo tempo são um incentivo que não nos permite acomodar-nos naquilo que conseguimos realizar. Não nos permite contentar-nos com o que somos, mas nos instiga a continuar avançando para essa meta.

A *Imitação de Cristo*, esse extraordinário texto de espiritualidade que é o pequeno livro datado da Idade Média tardia, contém em suas páginas:

> O amor de Jesus é nobre e generoso: ele inspira a operar grandes coisas e nos incita sempre a desejar a mais alta perfeição. O amor tende sempre para as alturas e não se deixa deter por coisas inferiores. O amor deseja ser

---

³⁴ Lv 19,18; cf. Mt 22,37-39; Mc 12,29-31; Lc 10,27

livre e isento de todo afeto mundano... porque o amor procede de Deus e só em Deus pode descansar, acima de todas as criaturas. Quem ama voa, corre, vive alegre, é livre e nada o detém. Dá tudo para todos e tem tudo em todas as coisas, pois encontra repouso no Sumo bem que está acima de todas as coisas, do qual dimanam e procedem todos os bens.[35]

Que melhor comentário poderia haver sobre o "novo mandamento" enunciado por João? Rezemos ao Pai para poder vivê-lo, mesmo que sempre de modo imperfeito, tão intensamente a ponto de com ele contagiar todos os que encontramos em nosso caminho.

O VIDENTE DE PATMOS[36]

Procuramos primeiro ver tudo o que podemos conhecer da vida de São João. Depois meditamos sobre o conteúdo central do seu Evangelho e das suas Cartas: caridade e amor. Continuamos interessados na figura de João, agora para examinar o Vidente do Apocalipse. E observamos imediatamente que enquanto nem o Quarto Evangelho nem as Cartas atribuídas ao Apóstolo levam o seu nome, o Apocalipse menciona o nome de João pelo menos quatro vezes.[37]

É evidente que o Autor, de um lado, não tinha nenhum motivo para não mencionar o próprio nome e, de

---

[35] Tomás de Kempis, *Imitação de Cristo*, Livro III, Capítulo V, 3-4
[36] Papa Bento XVI, Audiência Geral, 23 de agosto de 2006
[37] Cf. Ap 1,1, 4, 9; 22,8

outro, que ele sabia que os seus primeiros leitores podiam identificá-lo com precisão. Sabemos, além disso, que já no século III, os estudiosos discutiam a verdadeira identidade factual do João do "Apocalipse".

Por conveniência, poderíamos também chamá-lo de "Vidente de Patmos" porque ele está ligado ao nome dessa ilha no mar Egeu, onde, segundo seu próprio relato autobiográfico, ele se encontrava, por assim dizer, deportado "por causa da palavra de Deus e do testemunho de Jesus".[38]

Foi em Patmos mesmo, "arrebatado em êxtase no dia do Senhor"[39], que João teve visões grandiosas e ouviu mensagens extraordinárias que teriam grande influência sobre a história da Igreja e sobre toda a cultura ocidental.

Por exemplo, do título do seu livro — *Apocalipse, Revelação* — as palavras "apocalipse, apocalíptico" foram introduzidas em nossa linguagem e, embora de modo impróprio, evocam a idéia de uma catástrofe iminente.

O livro deve ser compreendido sobre o cenário da experiência dramática das sete Igrejas da Ásia (Éfeso, Esmirna, Pérgamo, Tiatira, Sardes, Filadélfia, Laodicéia) que enfrentavam sérias dificuldades no fim do século I — perseguições e também tensões internas — em seu testemunho a Cristo.

João se dirige a elas, demonstrando viva sensibilidade pastoral com relação aos cristãos perseguidos, a quem

---

[38] Ap 1,9
[39] Ap. 1,10

exorta a serem firmes na fé e a não se identificarem com o mundo pagão. O seu propósito é constituído definitivamente pela revelação, a partir da morte e Ressurreição de Cristo, do sentido da história humana.

A primeira e fundamental visão de João, de fato, se refere à figura do Cordeiro de pé, como que imolado,[40] colocado diante do trono em que o próprio Deus já está sentado.

Com isso, João quer antes de mais nada dizer-nos duas coisas; a primeira é que Jesus, embora morto com um ato de violência, em vez de desabar por terra, paradoxalmente mantém-se firme sobre os próprios pés porque, com a Ressurreição, ele venceu definitivamente a morte.

A outra coisa é que o próprio Jesus, precisamente porque morreu e ressuscitou, já é plenamente partícipe do poder real e salvífico do Pai. Esta é a visão fundamental.

Nesta Terra, Jesus, o Filho de Deus, é um Cordeiro indefeso, ferido e morto. No entanto, mantém-se aprumado, sobre os próprios pés, diante do trono de Deus e é partícipe do poder divino. Ele tem a história do mundo em suas mãos.

Assim, o Vidente quer dizer-nos: confiai em Jesus, não tenhais medo dos poderes hostis, das perseguições! O Cordeiro ferido e morto é vitorioso! Segui o Cordeiro Jesus, confiai-vos a Jesus, tomai o seu caminho! Mesmo que neste mundo ele seja apenas um Cordeiro que parece fraco, o vencedor é Ele.

---

[40] Cf. Ap 5,6

O objeto de uma das visões mais importantes do Apocalipse é esse Cordeiro no ato de abrir um livro, antes fechado com sete selos que ninguém conseguia romper. João inclusive aparece chorando, pois não encontra ninguém digno de abrir o livro ou de lê-lo.[41] A história permanece indecifrável, incompreensível. Ninguém consegue lê-la. Talvez o choro de João diante do mistério de uma história tão obscura expresse a aflição das Igrejas da Ásia pelo silêncio de Deus diante das perseguições a que estavam expostas naquele momento.

É uma aflição em que pode refletir-se bem a nossa consternação diante das graves dificuldades, incompreensões e hostilidade que a Igreja sofre mesmo hoje em várias partes do mundo.

Esses são padecimentos que a Igreja naturalmente não merece, como o próprio Jesus não mereceu o seu suplício. Eles revelam, porém, tanto a maldade do homem, quando este se entrega às sugestões do mal, quanto a condução superior dos acontecimentos por parte de Deus.

Ora bem, somente o Cordeiro imolado tem condições de abrir o livro selado e de revelar o seu conteúdo, de dar sentido a essa história que tantas vezes parece absurda. Ele somente pode extrair do livro indicações e ensinamentos para a vida dos cristãos, a quem sua vitória sobre a morte traz a mensagem e a garantia da vitória que eles também sem dúvida obterão. Toda a linguagem vivida-

---

[41] Cf. Ap 5,4

mente imaginativa adotada por João tem por objetivo oferecer esse consolo.

No centro das visões que o Apocalipse expõe estão também aquelas muito significativas da Mulher que dá à luz um filho varão e aquela complementar do dragão já precipitado dos céus, mas ainda muito poderoso.

> O Vidente quer dizer-nos: confiai em Jesus, não tenhais medo dos poderes hostis, das perseguições! O Cordeiro ferido e morto é vitorioso! Segui o Cordeiro Jesus, confiai-vos a Jesus, tomai o seu caminho!

Essa Mulher representa Maria, a Mãe do Redentor, mas representa também toda a Igreja, o Povo de Deus de todos os tempos, a Igreja que em todas as épocas, com grande sofrimento, gera Cristo sempre de novo. E ela é sempre ameaçada pelo poder do dragão. Ela parece indefesa e fraca.

Mas enquanto é ameaçada, perseguida pelo dragão, ela é também protegida pelo consolo de Deus. E no fim essa Mulher vence. O dragão é derrotado.

Essa é a grande profecia deste livro que inspira em nós confiança! A Mulher que sofre na história, a Igreja que é perseguida, aparece no fim como a Esposa irradiante, a figura da nova Jerusalém onde não haverá mais pranto nem choro, uma imagem do mundo transformado, do novo mundo cuja luz é o próprio Deus, cuja lâmpada é o Cordeiro.

Por este motivo, embora o Apocalipse de João contenha referências contínuas ao sofrimento, tribulação e pranto — a face negra da história —, ele é também permeado por cantos freqüentes de louvor que simbolizam, por assim dizer, a face luminosa da história.

Assim, por exemplo, lemos nele a respeito de uma grande multidão que canta, quase gritando: "Aleluia! Porque o Senhor, o Deus todo-poderoso passou a reinar. Alegremo-nos e exultemos, demos glória a Deus, porque estão para realizar-se as núpcias do Cordeiro, e sua esposa já está pronta."[42]

Estamos aqui diante do típico paradoxo cristão, segundo o qual o sofrimento nunca é visto como a última palavra, mas antes como transição para a felicidade; com efeito, o sofrimento já está misteriosamente mesclado com a alegria que emana da esperança.

Exatamente por isso João, o Vidente de Patmos, pode fechar o seu livro com uma última aspiração, tremendo com expectativa temerosa. Ele invoca a vida definitiva do Senhor: "Vem, Senhor Jesus!"[43]

Esta foi uma das orações centrais do cristianismo nascente, também traduzida por São Paulo em sua forma aramaica: *"Marana tha"*. E esta oração, "Senhor nosso, vem!"[44], tem muitas dimensões. Naturalmente, ela é antes de tudo uma expectativa da vitória definitiva do Senhor, da nova Jerusalém, do Senhor que vem e transforma o mundo. Mas ao mesmo tempo, é também uma oração eucarística: "Vem, Jesus, agora!" E Jesus vem; ele antecipa a sua vinda definitiva.

---

[42] Ap 19, 6-7
[43] Ap 22,20
[44] 1 Cor 16,22

Assim, com alegria dizemos ao mesmo tempo: "Vem agora e vem definitivamente!"

Essa oração tem ainda um terceiro significado: "Tu já vieste, Senhor! Temos certeza da tua presença entre nós. É nossa experiência de alegria. Mas vem de modo definitivo!"

E assim, rezemos também nós com São Paulo, com o Vidente de Patmos, com a Igreja nascente: "Vem, Jesus! Vem e transforma o mundo! Vem já hoje e que a paz triunfe!" Amém!

CAPÍTULO DEZ

Mateus[1]

Continuando a série de retratos dos Doze Apóstolos, vamos refletir agora sobre Mateus. Na verdade, é quase impossível fazer um esboço acabado da sua figura, pois as informações a seu respeito são escassas e fragmentárias. Assim, à falta de dados biográficos, o que podemos fazer é traçar o seu perfil com base nas informações do Evangelho.

Mateus sempre aparece nas listas dos Doze escolhidos por Jesus.[2] Seu nome em hebraico significa "dom de Deus". O primeiro Evangelho canônico, que recebe o seu nome, relaciona-o no elenco dos Doze com uma qualificação bem precisa: "o publicano".[3]

Desse modo, Mateus é identificado com o homem sentado na coletoria de impostos que Jesus chama a segui-lo: "Indo adiante, viu Jesus um homem chamado Mateus, sentado na coletoria de impostos, e disse-lhe,

---

[1] Papa Bento XVI, Audiência Geral, 30 de agosto de 2006
[2] Cf. Mt 10,3; Mc 3,18; Lc 6,15; At 1,13
[3] Mt 10,3

'Segue-me'. Este, levantando-se, o seguiu."[4] Marcos[5] e Lucas[6] também narram o chamado do homem sentado na coletoria, mas eles o chamam de "Levi". Para imaginar a cena descrita em Mt 9,9 é suficiente lembrar a magnífica tela de Caravaggio conservada aqui em Roma na igreja de São Luís da França.

Outro detalhe biográfico emerge dos Evangelhos: a passagem que precede imediatamente a narração do chamado de Mateus menciona um milagre operado por Jesus em Cafarnaum[7] e inclui uma referência à proximidade do mar da Galiléia, isto é, o lago de Tiberíades.[8]

É possível deduzir daí que Mateus exercia a função de coletor de impostos em Cafarnaum, que se localizava exatamente "à beira-mar",[9] onde Jesus era hóspede permanente na casa de Pedro.

Com base nessas simples constatações que resultam do Evangelho, podemos adiantar alguns pensamentos.

O primeiro é que Jesus acolhe no grupo dos seus amigos íntimos um homem que, de acordo com os conceitos em voga em Israel na época, era considerado um pecador público.

Mateus, de fato, não só manuseava o dinheiro considerado impuro devido à sua proveniência de pessoas

---

[4] Mt 9,9
[5] Cf. Mc 2,13-17
[6] Cf. Lc 5,27-30
[7] Cf. Mt 9,1-8; Mc 2,1-12
[8] Cf. Mc 2,13-14
[9] Mt 4,13

estranhas ao Povo de Deus, mas também colaborava com uma autoridade estrangeira odiosamente ávida cujos tributos, além disso, podiam ser determinados arbitrariamente.

É por isso que os Evangelhos, mais de uma vez, vinculam "publicanos e pecadores"[10] e também "publicanos e prostitutas".[11]

Além disso, eles vêem nos publicanos um exemplo de mesquinhez (eles só amam aqueles que os amam),[12] e mencionam um deles, Zaqueu, como "chefe dos publicanos, e rico",[13] enquanto a opinião popular os associava a "ladrões, injustos, adúlteros".[14]

Um primeiro fato salta aos olhos a partir dessas referências: Jesus não exclui ninguém da sua amizade. Antes, exatamente quando se encontra à mesa na casa de Mateus-Levi, em resposta aos que se mostravam escandalizados com o fato de que freqüentava companhias pouco recomendáveis, ele faz uma declaração muito importante: "Não são os que têm saúde que precisam de médico, mas os doentes. Eu não vim chamar justos, mas pecadores."[15]

A boa notícia do Evangelho consiste precisamente nisto: a oferta da graça de Deus ao pecador!

---

[10] Mt 9,10; Lc 15,1
[11] Mt 21,31
[12] Cf. Mt 5,46
[13] Lc 19,2
[14] Lc 18,11
[15] Mc 2,17

Em outro lugar, com a famosa parábola do fariseu e do publicano que subiram ao Templo para rezar, Jesus realmente mostra um publicano anônimo como exemplo valioso de confiança humilde na misericórdia divina: enquanto o fariseu se vangloria da própria perfeição moral, "o publicano... não ousava sequer levantar os olhos para o céu, mas batia no peito dizendo, 'Meu Deus, tem piedade de mim, pecador!'"

E Jesus comenta: "Eu vos digo que este último desceu para casa justificado, o outro não. Pois todo o que se exalta será humilhado, e quem se humilha será exaltado."[16]

Assim, na figura de Mateus, os Evangelhos nos apresentam um verdadeiro e próprio paradoxo: os que parecem estar mais distantes da santidade podem até se tornar um modelo da aceitação da misericórdia de Deus e oferecer um vislumbre dos seus efeitos maravilhosos na própria vida.

São João Crisóstomo aponta para um aspecto muito importante neste sentido: ele observa que apenas no relato de alguns chamados é mencionada a atividade que os envolvidos exerciam. Pedro, André, Tiago e João são chamados enquanto estão pescando, e Mateus enquanto está coletando tributos.

Essas são tarefas de pouca importância, comenta Crisóstomo, "pois não há nada de mais detestável do que o cobrador de impostos e nada mais comum do que a

---
[16] Lc 18,13-14

pesca".[17] O chamado de Jesus, portanto, chega também a pessoas de baixo nível social enquanto realizam suas atividades comuns.

Outra reflexão inspirada pela narrativa evangélica é que Mateus responde imediatamente ao chamado de Jesus: "ele se levantou e o seguiu." A brevidade da frase põe claramente em evidência a presteza de Mateus em responder ao chamado.

> Mateus responde imediatamente ao chamado de Jesus: "ele levantou e o seguiu." A brevidade da frase põe claramente em evidência a presteza de Mateus em responder ao chamado.

Para ele, isso significava deixar tudo, especialmente o que lhe garantia uma fonte de renda segura, mesmo que às vezes fosse injusta e desonrosa. Evidentemente, Mateus compreendeu que a familiaridade com Jesus não lhe permitia continuar exercendo atividades desaprovadas por Deus.

A aplicação ao presente é fácil de intuir: também hoje é inadmissível o apego a coisas incompatíveis com o ato de seguir a Jesus, como é o caso das riquezas obtidas com desonestidade.

Em certa ocasião, Jesus teve de dizer, sem meias palavras: "Se queres ser perfeito, vai, vende os teus bens e dá aos pobres, e terás um tesouro nos céus. Depois, vem e segue-me."[18]

É exatamente isso que Mateus fez: ele se levantou e o seguiu! Nesse "levantar-se" é legítimo ler afastamento de uma situação de pecado e ao mesmo tempo uma adesão

---

[17] São João Crisóstomo, *In Matth. Hom.*: PL 57, 363
[18] Mt 19,21

consciente a uma vida nova, correta, na comunhão com Jesus.

Lembremos, por fim, que a tradição da Igreja antiga concorda em atribuir a Mateus a paternidade do Primeiro Evangelho. Esse reconhecimento já havia começado com Pápias, bispo de Hierápolis, na Frígia, em torno do ano 130. Ele escreve: "Mateus registrou as palavras (do Senhor) em língua hebraica, e cada um as interpretou como podia."[19]

O historiador Eusébio acrescenta esta informação: "Quando Mateus, que inicialmente havia pregado entre os judeus, decidiu dirigir-se também a outros povos, escreveu na sua língua materna o Evangelho que anunciava; procurou assim substituir por escrito, para aqueles dos quais se separava, aquilo que eles perdiam com a sua partida."[20]

O Evangelho de Mateus escrito em hebraico ou aramaico não existe mais, mas no Evangelho grego que temos, continuamos a ouvir ainda, de certo modo, a voz persuasiva do publicano Mateus que, tendo-se tornado Apóstolo, continua a anunciar a misericórdia salvífica de Deus para nós. Ouçamos a mensagem de São Mateus, meditando sobre ele sempre de novo também para aprender a levantar-nos e a seguir Jesus com determinação.

---

[19] Eusébio de Cesaréia, *Hist. Eccl.* III, 39, 16
[20] Ibid., III, 24, 6

CAPÍTULO ONZE

Filipe

O APÓSTOLO[1]

Agora encontramos Filipe. Ele sempre aparece em quinto lugar nas listas dos Doze,[2] estando por isso definitivamente entre os primeiros.

Embora Filipe fosse de origem judia, seu nome é grego, como o de André, e esse é um pequeno sinal da abertura cultural que não pode ser subestimada. As informações que temos sobre ele são dadas pelo Evangelho de João. Como Pedro e André, ele é natural de Betsaida,[3] uma pequena cidade que pertencia à tetrarquia de um filho de Herodes, o Grande, também chamado Filipe.[4]

O Quarto Evangelho conta que depois de ser chamado por Jesus, Filipe encontra Natanael e lhe diz: "Encontramos aquele de quem escreveram Moisés, na Lei, e os profetas: Jesus, filho de José, de Nazaré."[5] Filipe não se dá por vencido diante da resposta um tanto cética de

---

[1] Papa Bento XVI, Audiência Geral, 6 de setembro de 2006
[2] Cf. Mt 10,3; Mc 3,18; Lc 6,14; At 1,13
[3] Cf. Jo 1,44
[4] Cf. Lc 3,1
[5] Jo 1,45

Natanael ("De Nazaré pode sair algo de bom?") e replica com firmeza: "Vem e vê!"[6]

Nessa resposta breve, mas clara, Filipe manifesta as características da verdadeira testemunha: ele não se satisfaz em apresentar o anúncio teoricamente, mas interpela diretamente o interlocutor sugerindo-lhe para fazer ele mesmo uma experiência pessoal do que lhe está sendo dito.

Os mesmos dois verbos são usados por Jesus quando dois discípulos de João Batista se aproximam para perguntar-lhe onde ele mora. Jesus responde: "Vinde e vede."[7]

Podemos imaginar Filipe dirigindo-se a nós com esses dois verbos que implicam envolvimento pessoal. A nós também ele expressa o que disse a Natanael: "Vem e vê." O Apóstolo nos compromete a conhecer Jesus de perto.

Com efeito, a amizade, o verdadeiro conhecimento da outra pessoa, precisa da proximidade; aliás, até certo ponto, vive dela. Além disso, é preciso não esquecer que, de acordo com o escrito de Marcos, Jesus escolheu os Doze com o objetivo primeiro de "ficarem com ele",[8] isto é, de participarem da sua vida e de aprenderem diretamente dele não só a sua forma de comportamento, mas acima de tudo quem ele realmente era.

De fato, só assim, participando da sua vida, é que eles poderiam conhecê-lo e depois anunciá-lo.

---

[6] Jo 1,46
[7] Cf. Jo 1,38-39
[8] Mc 3,14

Mais tarde, na Carta aos Efésios, ler-se-á que o importante é "aprender a Cristo":[9] portanto, não só e não tanto ouvir os seus ensinamentos e palavras, mas também e tanto mais conhecê-lo em pessoa, isto é, sua humanidade e sua divindade, seu mistério e sua beleza. Na verdade, ele não é apenas um Mestre, mas um Amigo, melhor, um Irmão.

Como poderemos conhecê-lo a fundo estando distantes? A intimidade, a familiaridade e o hábito nos fazem descobrir a verdadeira identidade de Jesus Cristo. O Apóstolo Filipe nos lembra exatamente isto. E assim convida-nos a "vir" e "ver", isto é, a entrar em um contato de escuta, de resposta e de comunhão de vida com Jesus dia após dia.

Depois, por ocasião da multiplicação dos pães, ele recebeu de Jesus um pedido tão preciso quanto surpreendente: isto é, onde poderiam comprar pão para satisfazer a fome de todas as pessoas que o seguiam.[10] Então Filipe respondeu com muito realismo: "Duzentos denários de pão não são suficientes para que cada um receba um pedaço."[11]

Vemos aqui a praticidade e o realismo do Apóstolo que sabe avaliar as verdadeiras implicações de uma situação.

---
[9] Ef 4,20
[10] Cf. Jo 6,5
[11] Jo 6,7

Sabemos então como os fatos se sucederam. Sabemos que Jesus tomou os pães e depois de dar graças, os distribuiu, realizando assim a multiplicação dos pães.

É interessante observar, porém, que foi ao próprio Filipe que Jesus se dirigiu para obter uma primeira sugestão de como resolver o problema, sinal evidente de que ele pertencia ao grupo restrito que acompanhava Jesus.

Em outro momento, muito importante para a história futura, antes da Paixão, alguns gregos que se encontravam em Jerusalém para a Páscoa "se aproximaram de Filipe... e lhe disseram, 'Senhor, queremos ver Jesus'. Filipe vem a André e lho diz; André e Filipe o dizem a Jesus".[12]

Uma vez mais, temos uma indicação do seu particular prestígio entre o colégio apostólico. Neste caso, Filipe atua principalmente como intermediário entre um grupo de gregos e Jesus — ele provavelmente falava grego e podia servir de intérprete; mesmo dirigindo-se a André, o outro Apóstolo com nome grego, é a ele que os estrangeiros se dirigem.

Isso nos ensina a estar sempre prontos a aceitar perguntas e pedidos, venham de onde vierem, e a levá-los ao Senhor, o único que pode atendê-los plenamente. Sem dúvida, é importante saber que não somos nós os destinatários finais das orações daqueles que nos procuram, mas o Senhor: é a ele que devemos encaminhar quem quer que tenha necessidade. Eis por que cada um de nós deve ser uma estrada aberta para ele.

---

[12] Cf. Jo 12,20-22

Há ainda outra ocasião muito particular em que Filipe entra em cena. Durante a Última Ceia, depois que Jesus afirmou que conhecê-Lo significava também conhecer o Pai,[13] Filipe lhe pergunta, um tanto ingenuamente: "Senhor, mostra-nos o Pai e isso nos basta!"[14] Jesus lhe respondeu com um tom de benévola repreensão: "Há tanto tempo estou convosco e tu não me conheces, Filipe? Quem me vê, vê o Pai. Como podes dizer: 'Mostra-nos o Pai!'? Não crês que estou no Pai e o Pai está em mim?"[15]

Essas palavras estão entre as mais elevadas do Evangelho de João. Elas contêm uma revelação verdadeira e própria. No fim do Prólogo ao seu Evangelho, João diz: "Ninguém jamais viu a Deus: o Filho único, que está voltado para o seio do Pai, este o deu a conhecer."[16]

Bem, essa declaração feita pelo evangelista é retomada e confirmada pelo próprio Jesus, mas com um novo matiz. De fato, enquanto o Prólogo de João fala de uma intervenção explicativa de Jesus através das palavras do seu ensinamento, na sua resposta a Filipe Jesus se refere à sua própria Pessoa como tal, dando a entender que é possível compreendê-lo não só por meio das suas palavras, mas também, ainda mais, pelo que ele simplesmente é.

Para expressar-nos de acordo com o paradoxo da Encarnação, podemos certamente dizer que Deus deu a si mesmo uma face humana, a Face de Jesus, e conseqüen-

---

[13] Cf. Jo 14,7
[14] Jo 14,8
[15] Jo 14,9-11
[16] Jo 1,18

temente, de agora em diante, se verdadeiramente queremos conhecer a Face de Deus, tudo o que temos de fazer é contemplar a Face de Jesus. Na sua Face vemos realmente quem Deus é e como Ele é.

Podemos imaginar Filipe dirigindo-se a nós com esses dois verbos que implicam envolvimento pessoal. A nós também ele expressa o que disse a Natanael: "Vem e vê." O Apóstolo nos compromete a conhecer Jesus de perto.

O evangelista não nos diz se Filipe apreendeu o sentido pleno da frase de Jesus. Não há dúvida de que ele dedicou toda a sua vida inteiramente a Jesus. Segundo alguns relatos posteriores (*Atos de Filipe* e outros), o nosso Apóstolo teria evangelizado primeiro a Grécia e depois a Frígia, onde teria morrido, em Hierápolis, em conseqüência de um suplício diversamente descrito como crucificação ou apedrejamento.

Queremos concluir nossa reflexão relembrando o objetivo a que toda a nossa vida deve aspirar: encontrar Jesus como Filipe o encontrou, procurando ver nele o próprio Deus, o Pai celeste. Não havendo esse compromisso, seríamos refletidos de volta para nós como num espelho e nos tornaríamos cada vez mais solitários! Filipe em vez nos ensina a deixar-nos conquistar por Jesus, a estar com ele e também a convidar outros a co-participarem dessa indispensável companhia. E vendo, encontrando Deus, encontrar a verdadeira vida.

CAPÍTULO DOZE

Tomé, chamado Dídimo[1]

Sempre presente nas quatro listas compiladas pelo Novo Testamento, nos primeiros três Evangelhos Tomé é citado ao lado de Mateus,[2] enquanto em Atos ele aparece depois de Filipe.[3]

Seu nome deriva de uma raiz hebraica, *ta'am*, que significa "emparelhado, gêmeo". Com efeito, o Evangelho de João o chama várias vezes de *"Dídimo"*,[4] um termo grego que significa, precisamente, "gêmeo". O motivo desse cognome não é claro.

É especialmente o Quarto Evangelho que nos dá informações que destacam alguns traços importantes da sua personalidade.

A primeira se refere à sua exortação aos outros Apóstolos quando Jesus, num momento crítico da sua vida, decidiu ir a Betânia para ressuscitar Lázaro, aproximando-se assim perigosamente de Jerusalém.[5]

---

[1] Papa Bento XVI, Audiência Geral, 27 de setembro de 2006
[2] Cf. Mt 10,3; Mc 3,18; Lc 6,15
[3] Cf. At 1,13
[4] Cf. Jo 11,16; 20,24; 21,2
[5] Mc 10,32

Nessa ocasião, Tomé disse aos outros discípulos: "Vamos também nós, para morrermos com ele."[6] Sua determinação em seguir o Mestre é verdadeiramente exemplar e nos oferece uma lição preciosa: ela revela sua total disponibilidade para aderir a Jesus, a ponto de identificar o próprio destino com o de Jesus e de desejar participar com ele da provação suprema da morte.

De fato, a coisa mais importante é não se separar jamais de Jesus.

Além disso, quando os Evangelhos usam o verbo "seguir" é para significar que aonde Ele vai, o discípulo também deve ir.

Assim, a vida cristã é definida como uma vida com Jesus Cristo, uma vida que deve ser vivida com ele. São Paulo escreve algo semelhante quando assegura aos cristãos de Corinto: "Estais em nosso coração para a vida e para a morte."[7] O que se verifica entre o Apóstolo e os seus cristãos deve obviamente aplicar-se antes de tudo à relação entre os cristãos e o próprio Jesus: morrer juntos, viver juntos, estar no coração dele como ele está no nosso.

Uma segunda intervenção de Tomé acontece na Última Ceia. Nessa ocasião, predizendo sua partida iminente, Jesus anuncia que irá preparar um lugar para os seus discípulos para que eles também possam estar onde ele se encontra; e explica-lhes: "Para onde vou, conheceis o ca-

---

[6] Jo 11,16
[7] 2 Cor 7,3

minho."[8] É então que Tomé intervém dizendo: "Senhor, não sabemos para onde vais. Como podemos conhecer o caminho?"[9]

Na realidade, com esse comentário ele se põe num nível de compreensão bastante baixo, mas as suas palavras dão a Jesus a oportunidade de pronunciar a sua famosa definição: "Eu sou o Caminho, a Verdade e a Vida."[10]

Assim, é primeiramente a Tomé que ele faz essa revelação, mas ela é válida para todos nós e para todos os tempos. Cada vez que ouvimos ou lemos essas palavras, podemos colocar-nos ao lado de Tomé em pensamento e imaginar que o Senhor diz também a nós o que disse a ele.

Ao mesmo tempo, essa pergunta confere também a nós o direito, por assim dizer, de pedir explicações a Jesus. Em geral, não o compreendemos. Tenhamos a coragem de dizer: "Não te compreendo, Senhor, escuta-me, ajuda-me a compreender." Desse modo, com essa franqueza que é a verdadeira forma de rezar, de falar com Jesus, expressamos a nossa pequena capacidade de compreensão, ao mesmo tempo em que assumimos a atitude confiante de alguém que espera luz e força d'Aquele que está em condições de nos oferecê-las.

Então, a cena bem conhecida e até proverbial do Tomé incrédulo, acontecida oito dias depois da Páscoa. Num primeiro momento, ele não acreditou que Jesus ha-

---

[8] Jo 14,4
[9] Jo 14,5
[10] Jo 14,6

via aparecido na sua ausência e disse: "Se eu não vir em suas mãos o lugar dos cravos e se não puser meu dedo no lugar dos cravos e minha mão no seu lado, não crerei."[11] Basicamente, dessas palavras emerge a convicção de que Jesus pode agora ser reconhecido mais por suas feridas do que por sua face. Tomé considera que os sinais que confirmam a identidade de Jesus são agora acima de tudo as suas chagas, nas quais ele revela o quanto nos amou. Nisso o Apóstolo não está errado.

Como sabemos, Jesus reapareceu entre seus discípulos oito dias depois e dessa vez Tomé estava presente. Jesus lhe diz: "Põe teu dedo aqui e vê minhas mãos. Estende tua mão e põe-na no meu lado, e não sejas incrédulo, mas crê."[12]

Tomé reage com a mais esplêndida profissão de fé de todo o Novo Testamento: "Meu Senhor e Meu Deus!"[13] Com relação a esse aspecto, Santo Agostinho comenta: Tomé "via e tocava o homem, mas confessava a sua fé em Deus, a quem não via nem tocava. Mas o que via e tocava o induzia a crer naquilo de que até agora havia duvidado".[14]

O evangelista continua com as últimas palavras de Jesus a Tomé: "Porque viste, creste. Felizes os que não viram e creram!"[15] Essa frase pode ser posta também no presente: "Felizes os que não vêem, e no entanto crêem."

---

[11] Jo 20,25
[12] Jo 20,27
[13] Jo 20,28
[14] Agostinho, *In ev. Jo.* 121, 5
[15] Jo 20,29

Em todo caso, aqui Jesus enuncia um princípio fundamental para os cristãos que virão depois de Tomé; para todos nós, portanto.

É interessante observar que um outro Tomás (equivalente de Tomé), o grande teólogo medieval de Aquino, justapôs essa fórmula de beatitude à outra aparentemente oposta registrada por Lucas: "Felizes os olhos que vêem o que vós vedes!"[16] Mas Aquino comenta: "Merece muito mais quem crê sem ver do que quem crê vendo."[17]

A pergunta de Tomé confere também a nós o direito, por assim dizer, de pedir explicações a Jesus. Em geral, não o compreendemos. Tenhamos a coragem de dizer: "Não te compreendo, Senhor, escuta-me, ajuda-me a compreender."

Com efeito, a *Epístola aos Hebreus*, relacionando toda a série dos antigos Patriarcas bíblicos que acreditaram em Deus sem ver a realização das promessas divinas, define a fé como "a segurança das coisas esperadas, a convicção das coisas que não se vêem".[18]

O caso do apóstolo Tomé é importante para nós por três motivos pelo menos: primeiro, porque nos conforta em nossa insegurança; segundo, porque demonstra que toda dúvida pode levar a um resultado mais luminoso do que qualquer incerteza; e por fim, porque as palavras que Jesus lhe dirigiu nos lembram o verdadeiro significado da fé madura e nos encorajam a perseverar, apesar das dificuldades, em nossa jornada de adesão a ele.

---

[16] Lc 10,23
[17] Aquino, *In Johann.* XX *lectio* 2566
[18] Hb 11,1

Um último aspecto relacionado a Tomé está preservado no Quarto Evangelho, que o apresenta como testemunha do Ressuscitado no momento subseqüente da pesca milagrosa no lago de Tiberíades.[19]

Nessa ocasião, Tomé é inclusive mencionado imediatamente após Simão Pedro, sinal evidente da importância considerável de que ele desfrutava no contexto das primeiras comunidades cristãs.

Efetivamente, os *Atos de Tomé* e o *Evangelho de Tomé*, ambos escritos apócrifos, mas de qualquer modo importantes para o estudo das origens cristãs, foram escritos com o nome dele.

Lembremos, por fim, que uma antiga tradição afirma que Tomé evangelizou primeiro a Síria e a Pérsia (conforme referência de Orígenes)[20] e depois se dirigiu à Índia Ocidental,[21] de onde por fim chegou à Índia Meridional.

Concluamos nossa reflexão nesta perspectiva missionária, expressando a esperança de que o exemplo de Tomé fortaleça sempre a nossa fé em Jesus Cristo, nosso Senhor e nosso Deus.

---

[19] Cf. Jo 21,2ss.
[20] Eusébio de Cesaréia, *História Eclesiástica* 3,1
[21] Cf. *Atos de Tomé* 1-2 e 17ss.

CAPÍTULO TREZE

Bartolomeu[1]

Nas antigas listas dos Doze, o apóstolo Bartolomeu sempre aparece antes de Mateus, variando o nome de quem o precede, que pode ser Filipe[2] ou Tomé.[3]

Seu nome é claramente um patronímico, pois é formulado com referência explícita ao nome do pai. Trata-se provavelmente de um nome de origem aramaica, *bar Talmay*, que significa exatamente "filho de Talmay".

Não temos informações relevantes sobre Bartolomeu; na verdade, seu nome aparece sempre e somente nas listas dos Doze mencionadas acima, e por isso nunca o encontramos no centro de uma narrativa.

Tradicionalmente, porém, ele é identificado com Natanael, nome que significa "Deus deu".

Esse Natanael vinha de Caná[4] e por isso é possível que ele tenha sido testemunha do grande "sinal" operado

---

[1] Papa Bento XVI, Audiência Geral, 4 de outubro de 2006
[2] Cf. Mt 10,3; Mc 3,18; Lc 6,14
[3] Cf. At 1,13
[4] Cf. Jo 21,2

por Jesus nesse lugar.[5] É provável que a identificação das duas figuras seja motivada pelo fato de que Natanael, na cena do chamado narrada pelo Evangelho de João, aparece ao lado de Filipe, em outras palavras, o lugar ocupado por Bartolomeu nas listas dos Apóstolos relacionadas nos outros Evangelhos.

Filipe disse a esse Natanael que ele havia encontrado "aquele de quem escreveram Moisés, na Lei, e os profetas: Jesus, filho José, de Nazaré".[6] Como sabemos, a resposta de Natanael denunciava um preconceito bastante forte: "De Nazaré pode sair algo de bom?"[7] A seu modo, essa forma de contestação é importante para nós. Ela nos faz ver que segundo as expectativas judaicas o Messias não podia vir de uma aldeia tão obscura como, precisamente, Nazaré.[8]

Ao mesmo tempo, porém, o protesto de Natanael põe em destaque a liberdade de Deus, que surpreende as nossas expectativas fazendo com que o encontremos bem onde menos esperamos. Além disso, sabemos que Jesus não era exclusivamente "de Nazaré", mas que nasceu em Belém[9] e que em última análise vinha do céu, do Pai que está nos céus.

A reação de Natanael nos sugere outra reflexão: em nossa relação com Jesus, não devemos satisfazer-nos com

---

[5] Cf. Jo 2,1-11
[6] Jo 1,45
[7] Jo 1,46
[8] Ver também Jo 7,42
[9] Cf. Mt 2,1; Lc 2,4

palavras apenas. Em sua resposta, Filipe faz a Natanael um convite significativo: "Vem e vê!"[10] O nosso conhecimento de Jesus precisa acima de tudo de uma experiência viva: o testemunho de outra pessoa é certamente importante, pois normalmente toda a nossa vida cristã começa com o anúncio que nos é feito por uma ou mais testemunhas.

Entretanto, nós mesmos devemos depois envolver-nos pessoalmente numa relação íntima e profunda com Jesus; de modo semelhante, quando os samaritanos ouviram o testemunho da sua conterrânea que havia encontrado Jesus no poço de Jacó, eles quiseram falar diretamente com ele, e depois dessa conversa, disseram à mulher: "Já não é por causa do que tu falaste que cremos. Nós próprios o ouvimos, e sabemos que esse é verdadeiramente o salvador do mundo."[11]

Voltando à cena da vocação de Natanael, o evangelista nos diz que quando Jesus vê Natanael aproximando-se, exclama: "Eis um verdadeiro israelita, em quem não há fraude!"[12] Esse é um elogio que lembra o texto de um Salmo: "Feliz o homem... em cujo espírito não há fraude",[13] mas provoca a curiosidade de Natanael que responde surpreso: "De onde me conheces?"[14]

---

[10] Jo 1,46
[11] Jo 4,42
[12] Jo 1,47
[13] Sl 32[31],2
[14] Jo 1,48

A resposta de Jesus é inicialmente incompreensível. Ele diz: "Antes que Filipe te chamasse, eu te vi quando estavas sob a figueira."[15] Não sabemos o que havia acontecido sob essa figueira. É óbvio que devia tratar-se de um momento decisivo da vida de Natanael.

As palavras de Jesus tocam seu coração; ele se sente compreendido e compreende: Esse homem sabe tudo a meu respeito, ele sabe e conhece a estrada da vida; posso realmente confiar-me a esse homem. E assim ele responde com uma confissão de fé límpida e bela, dizendo: "Rabi, tu és o Filho de Deus, tu és o Rei de Israel!"[16] Essa confissão contém em si um importante passo na jornada de adesão a Jesus.

Bartolomeu-Natanael responde com uma confissão de fé límpida e bela, dizendo: "Rabi, tu és o Filho de Deus, tu és o Rei de Israel!"

As palavras de Natanael lançam luz sobre um aspecto duplo e complementar da identidade de Jesus: ele é reconhecido tanto na sua relação especial com Deus Pai, de quem é Filho unigênito, quanto na sua relação com o Povo de Israel, de quem é declarado rei, precisamente a descrição do Messias esperado. Não devemos jamais perder de vista nem um nem outro desses dois componentes, porque se proclamamos a dimensão celeste de Jesus apenas, corremos o risco de fazer dele um ser etéreo e evanescente; e se, ao contrário, reconhecemos tão-somente sua posição concreta na história, acabamos descuidando da dimensão divina que o qualifica propriamente.

---

[15] Jo 1,48
[16] Jo 1,49

Não temos dados precisos sobre a atividade apostólica subseqüente de Bartolomeu-Natanael. Segundo uma informação transmitida pelo historiador Eusébio, do século IV, um certo Panteno teria encontrado indícios da presença de Bartolomeu na Índia.[17]

Na tradição posterior, a partir da Idade Média, tornou-se popular a descrição da sua morte por esfolamento. Lembremos apenas a famosa cena do *Juízo Final* na Capela Sistina em que Michelangelo representou São Bartolomeu segurando com a mão esquerda a própria pele, na qual o artista deixou o seu auto-retrato.

As relíquias de São Bartolomeu são veneradas aqui em Roma, na igreja a ele dedicada na ilha do Tibre, para onde teriam sido levadas pelo imperador alemão Oto III no ano 983.

Para finalizar, podemos dizer que apesar da escassez de informações sobre ele, São Bartolomeu permanece diante de nós para nos dizer que a adesão a Jesus pode ser vivida e testemunhada também sem a realização de ações sensacionais. O próprio Jesus, a quem cada um de nós é chamado a dedicar a própria vida e a própria morte, é e continua sendo extraordinário.

---

[17] Cf. Eusébio, *Hist. Ecl.*, V, 10, 3

CAPÍTULO QUATORZE

Simão e Judas[1]

Vamos considerar agora dois dos Doze Apóstolos: Simão, o Cananeu, e Judas Tadeu (que não deve ser confundido com Judas Iscariotes). Vamos examiná-los juntos não apenas porque são mencionados um ao lado do outro nas listas dos Doze,[2] mas porque temos muito poucas informações sobre eles, excetuando-se o fato de que o cânone do Novo Testamento preserva uma carta atribuída a Judas Tadeu.

Simão recebe um cognome que varia nas quatro listas: Mateus e Marcos o descrevem como "cananeu"; Lucas o descreve como "zelota".

Na realidade, as duas descrições são equivalentes porque significam a mesma coisa: na língua hebraica, o verbo *qanà* significa "ser zeloso, ardoroso" e pode ser aplicado tanto a Deus, pois ele é zeloso do seu Povo Escolhido,[3]

---

[1] Papa Bento XVI, Audiência Geral, 11 de outubro de 2006
[2] Cf. Mt 10,3, 4; Mc 3,18; Lc 6,15; At 1,13
[3] Cf. Ex 20,5

quanto aos homens que ardem de zelo no serviço do Deus único com dedicação plena, como Elias.[4]

Assim, mesmo que este Simão não pertencesse propriamente ao movimento nacionalista dos Zelotas, talvez ele fosse pelo menos caracterizado por um zelo ardente à sua identidade judaica, e portanto a Deus, ao seu povo e à Lei divina.

Se essa era a situação, Simão estava no extremo oposto de Mateus que, pelo contrário, enquanto publicano, provinha de uma atividade considerada totalmente impura. Isso mostra que Jesus chamou os seus discípulos e colaboradores dos estratos sociais e religiosos mais diversos, sem qualquer barreira.

Eram as pessoas que o interessavam, não as classes sociais ou os rótulos! E a coisa bonita é que no grupo dos seus seguidores, apesar das diferenças, todos eles viviam lado a lado, superando as possíveis dificuldades: com efeito, era o próprio Jesus o motivo de coesão, em quem todos se encontravam unidos.

Isso constitui claramente uma lição para nós que freqüentemente tendemos a ressaltar as diferenças e até os contrastes, esquecendo que em Jesus Cristo nos é dada a força para extrair o melhor dos nossos contínuos conflitos.

Tenhamos presente também que o grupo dos Doze é a prefiguração da Igreja, na qual devem ter espaço todos os carismas, pessoas e raças, todas as qualidades humanas

---

[4] Cf. 1 Rs 19,10

que encontram sua composição e unidade na comunhão com Jesus.

Com relação a Judas Tadeu, ele é assim chamado pela tradição, que combina dois nomes diferentes: enquanto Mateus e Marcos o chamam simplesmente de "Tadeu",[5] Lucas o chama de "Judas, filho de Tiago".[6] O sobrenome "Tadeu" é de origem incerta e é explicado como sendo proveniente do aramaico *taddà*, que quer dizer "peito", e, portanto, significaria "magnânimo", ou como abreviação de um nome grego como "Teodoro, Teódoto".

Poucas coisas a respeito dele chegaram até nós. Apenas João menciona uma pergunta que Tadeu fez a Jesus na Última Ceia: "Senhor, por que te manifestarás a nós e não ao mundo?"[7]

Essa é uma pergunta de grande atualidade que nós também fazemos ao Senhor: por que o ressuscitado não se manifestou em toda a sua glória aos seus adversários para mostrar que o vencedor é Deus? Por que ele só se manifestou aos seus discípulos? A resposta de Jesus é misteriosa e profunda. O Senhor diz: "Se alguém me ama, guardará a minha palavra e o meu Pai o amará e a ele viremos e nele estabeleceremos morada."[8]

Isso significa que o Ressuscitado deve ser visto, deve ser percebido também com o coração, de modo que Deus

---

[5] Mt 10,3; Mc 3,18
[6] Lc 6,16; At 1,13
[7] Jo 14,22
[8] Jo 14,23

possa estabelecer sua morada em nós. O Senhor não aparece como uma coisa. Ele quer entrar na nossa vida e por isso a sua manifestação é uma manifestação que implica e pressupõe o coração aberto. Somente assim vemos o Ressuscitado.

A Judas Tadeu é atribuída a paternidade de uma das Epístolas do Novo Testamento conhecidas como "católicas", pois são endereçadas não a uma determinada Igreja local, mas a um círculo bem mais amplo de destinatários. Esta especificamente é dirigida "aos que foram chamados, amados por Deus Pai e guardados em Jesus Cristo".[9]

Uma das grandes preocupações desse escrito é alertar os cristãos com relação a todos os que convertem a graça de Deus em pretexto para a própria licenciosidade e para corromper outros irmãos com ensinamentos inaceitáveis, introduzindo a divisão no seio da Igreja "em sua alucinação".[10]

É dessa forma que Judas define a doutrina e as idéias particulares dessas pessoas. Ele inclusive as compara aos anjos decaídos e com termos fortes diz que "trilham o caminho de Caim".[11]

Além disso, estigmatiza-as indelevelmente como "nuvens sem água, levadas pelo vento; árvores que no fim do outono não dão o seu fruto, duas vezes mortas, arrancadas pela raiz; ondas bravias do mar a espumar a própria

---

[9] Jd v. 1
[10] Jd v. 8
[11] Jd v. 11

imprudência; astros errantes aos quais está reservada a escuridão das trevas para a eternidade".¹²

Hoje não estamos mais, talvez, acostumados a usar uma linguagem tão polêmica que, no entanto, nos diz algo muito importante. No meio de todas as tentações existentes, com todas as correntes da vida moderna, devemos preservar a identidade da nossa fé.

> *O grupo dos Doze é a prefiguração da Igreja, na qual devem ter espaço todos os carismas, pessoas e raças, todas as qualidades humanas que encontram sua composição e unidade na comunhão com Jesus.*

Naturalmente, a via da indulgência e do diálogo, felizmente tomada pelo Concílio Vaticano II, deve seguramente ser seguida com firmeza e perseverança.

Mas esse caminho do diálogo, tão necessário, não deve fazer-nos esquecer o dever de repensar e de evidenciar sempre com força correspondente as linhas mestras e irrenunciáveis da nossa identidade cristã. Além disso, é necessário ter bem presente que a nossa identidade exige força, clareza e coragem diante das contradições do mundo em que vivemos.

Assim, o texto da Carta continua: "Mas vós, amados — ele se dirige a todos nós — edificai a vós mesmos sobre a vossa santíssima fé, orai no Espírito Santo, guardai-vos no amor de Deus, pondo a vossa esperança na misericórdia de nosso Senhor Jesus Cristo para a vida eterna. Procurai convencer os hesitantes..."¹³

---

¹² Jd vv. 12-13
¹³ Jd vv. 20-22

A Carta termina com estas belas palavras: "Àquele que pode guardar-vos da queda e apresentar-vos perante a sua glória irrepreensíveis e jubilosos, ao único Deus, nosso Salvador, mediante Jesus Cristo nosso Senhor, glória, majestade, poder e domínio, antes de todos os séculos, agora e por todos os séculos. Amém."[14]

É fácil ver que o autor dessas linhas vive na plenitude a própria fé, à qual pertencem grandes realidades como a integridade moral e a alegria, a confiança e, por fim, o louvor, sendo o todo motivado tão-somente pela bondade do nosso único Deus e pela misericórdia de nosso Senhor Jesus Cristo.

Por isso, tanto Simão, o Cananeu, como Judas Tadeu nos ajudem a redescobrir sempre de novo e a viver incansavelmente a beleza da fé cristã, sabendo dela dar um testemunho forte e ao mesmo tempo sereno.

---

[14] Jd vv. 24-25

CAPÍTULO QUINZE

Judas Iscariotes e Matias[1]

Terminando de percorrer com este capítulo a galeria de retratos dos Apóstolos chamados diretamente por Jesus durante a sua vida terrena, não podemos deixar de mencionar aquele que é sempre citado por último na lista dos Doze: Judas Iscariotes. Queremos associá-lo com a pessoa que é escolhida mais tarde para substituí-lo, Matias.

Já o simples nome de Judas suscita entre os cristãos uma reação instintiva de crítica e condenação.

O significado do nome "Iscariotes" é controverso: a explicação mais comum o entende como "homem de Cariot", referindo-se à sua aldeia de origem perto de Hebron e mencionada duas vezes na Sagrada Escritura.[2] Outros o interpretam como uma variante do termo "sicário", como se aludisse a um guerrilheiro armado com um punhal, *sica*, em latim.

Por fim, há quem veja nessa alcunha a simples transcrição de uma raiz hebraico-aramaica com o significado de "aquele que haveria de entregá-lo". Encontramos essa

---

[1] Papa Bento XVI, Audiência Geral, 18 de outubro de 2006
[2] Js 15,25; Am 2,2

designação duas vezes no Evangelho: Depois da confissão de fé de Pedro[3] e durante a unção em Betânia.[4] Outras passagens mostram que a traição estava em curso usando a expressão "aquele que o estava traindo" ou "o traidor": assim durante a Última Ceia, depois do anúncio da traição,[5] e em seguida no momento da prisão de Jesus.[6] Mas as listas dos Doze recordam o fato da traição como já realizado: "Judas Iscariotes, aquele que o traiu", diz Marcos;[7] Mateus[8] e Lucas[9] têm fórmulas equivalentes.

A traição em si acontece em dois momentos: em primeiro lugar, no planejamento, quando Judas entra em acordo com os inimigos de Jesus por trinta moedas de prata,[10] e depois em sua execução, com o beijo dado ao Mestre no Getsêmani.[11]

Em todo caso, os evangelistas insistem sobre a posição que para todos os efeitos Judas ocupava como apóstolo: ele é repetidamente mencionado como "um dos Doze"[12] ou "do número dos Doze".[13]

---

[3] Cf. Jo 6,71
[4] Cf. Jo 12,4
[5] Cf. Mt 26,25
[6] Cf. Mt 26,46.48; Jo 18,2.5
[7] Mc 3,19
[8] Mt 10,4
[9] Lc 6,16
[10] Cf Mt 26,14-16
[11] Cf Mt 26,46-50
[12] Mt 26,14.47; Mc 14,10.20: Jo 6,71
[13] Lc 22,3

Além disso, em duas ocasiões, Jesus, dirigindo-se aos Apóstolos e falando precisamente de Judas, indica-o como "um de vós".[14] E Pedro dirá de Judas que "ele era contado entre os nossos e recebera sua parte neste ministério".[15]

Trata-se, portanto, de uma figura que pertence ao grupo daqueles que Jesus havia escolhido como companheiros e colaboradores íntimos. Isso provoca duas perguntas na tentativa de dar uma explicação aos fatos acontecidos.

A primeira consiste em perguntar como Jesus chegou a escolher esse homem e a confiar nele. De fato, embora Judas fosse o ecônomo do grupo,[16] na realidade ele é chamado também de ladrão.[17]

O mistério da escolha permanece, tanto mais que Jesus pronuncia um julgamento muito severo sobre ele: "Ai daquele por quem o Filho do Homem for entregue!"[18]

Aprofunda-se ainda mais o mistério em torno do seu destino eterno sabendo-se que Judas "sentiu remorsos e veio devolver aos chefes dos sacerdotes e aos anciãos as trinta moedas de prata, dizendo: 'Pequei, entregando um sangue inocente.'"[19] Mesmo que ele tenha se enforcado,[20]

---

[14] Mt 26,21; Mc 14,18; Jo 6,70; 13,21
[15] At 1,17
[16] Cf Jo 12,6b; 13,29a
[17] Jo 12,6a
[18] Mt 26,24
[19] Mt 27,3-4
[20] Cf. Mt 27,5

não compete a nós julgar seu gesto, pondo-nos no lugar de Deus infinitamente misericordioso e justo.

Uma segunda pergunta refere-se ao motivo do comportamento de Judas: por que ele traiu Jesus? A questão é objeto de várias hipóteses. Alguns se referem à sua cobiça de dinheiro; outros defendem uma explicação de ordem messiânica: Judas teria se decepcionado ao ver que Jesus não incluía no seu programa a libertação político-militar do seu próprio país.

De fato, os textos evangélicos insistem em outro aspecto: João diz expressamente que "já o diabo colocara no coração de Judas Iscariotes, filho de Simão, o projeto de entregá-lo".[21] Analogamente, Lucas escreve: "Satanás entrou em Judas, chamado Iscariotes, do número dos Doze."[22]

Desse modo, vai-se além das motivações históricas e explica-se o acontecimento com base na responsabilidade pessoal de Judas, que vergonhosamente cedeu à tentação do Maligno.

De todo modo, a traição de Judas permanece um mistério. Jesus o tratou como amigo,[23] mas em seus convites a segui-lo na senda das beatitudes, não força a sua vontade nem o protege das tentações de Satanás, respeitando a liberdade humana.

Com efeito, as possibilidades de perversão do coração humano são realmente muitas. O único modo de preveni-

---

[21] Jo 13,2
[22] Lc 22,3
[23] Cf. Mt 26,50

las consiste em não cultivar uma visão das coisas apenas individualista, autônoma, mas ao contrário, pondo-se sempre ao lado de Jesus, assumindo o seu ponto de vista. Devemos procurar dia após dia entrar em comunhão plena com ele.

Lembremos que também Pedro queria opor-se a ele e ao que o esperava em Jerusalém, mas foi energicamente recriminado: "Não pensas as coisas de Deus, mas dos homens!"[24]

Depois da sua queda, Pedro se arrependeu e encontrou perdão e graça. Também Judas se arrependeu, mas seu arrependimento degenerou em desespero e assim se tornou autodestrutivo.

É para nós um convite a sempre lembrar o que São Bento diz no fim do fundamental Capítulo Cinco da sua "Regra": "Não se desesperar jamais da misericórdia de Deus." Na verdade, Deus "é maior que o nosso coração", como diz São João.[25]

Assim, tenhamos sempre presentes duas coisas. Primeira: Jesus respeita a nossa liberdade. Segunda: Jesus espera nossa disponibilidade ao arrependimento e à conversão; ele é rico em misericórdia e perdão.

Além disso, quando pensamos no papel negativo exercido por Judas, devemos inseri-lo na condução superior dos acontecimentos por parte de Deus. Sua traição levou à morte de Jesus, o qual transformou esse indescri-

---

[24] Mc 8,33
[25] 1 Jo 3,20

tível suplício em espaço de amor salvífico e entrega de si mesmo ao Pai.[26]

O verbo "trair" é a versão de uma palavra grega que significa "entregar". Às vezes o sujeito é o próprio Deus em pessoa: foi ele que por amor "entregou" Jesus por todos nós.[27] No seu misterioso projeto salvífico, Deus assume o gesto inescusável de Judas como ocasião da dádiva total do Filho para a redenção do mundo.

Extraímos disso uma última lição: embora não faltem na Igreja cristãos indignos e traidores, cabe a cada um de nós contrabalançar o mal por eles praticado com o nosso testemunho cristalino a Jesus Cristo, nosso Senhor e Salvador.

Como conclusão, queremos também lembrar aquele que, depois da Páscoa, foi eleito para o lugar do traidor. Na Igreja de Jerusalém, dois nomes foram propostos pela comunidade e sobre eles lançadas sortes: "José, chamado Barsabás e cognominado Justo, e Matias."[28]

A sorte caiu precisamente sobre Matias, "que foi então contado entre os onze apóstolos".[29] Não sabemos mais nada a respeito dele, a não ser que fora testemunha de todos os eventos terrenos de Jesus,[30] permanecendo-lhe fiel até o fim. À grandeza dessa sua fidelidade acrescentou-se depois o chamado divino a ocupar o lugar de Judas, quase compensando a sua traição.

---

[26] Cf. Gl 2,20; Ef 5,2.25
[27] Rm 8,32
[28] At 1,23
[29] At 1,26
[30] Cf. At 1,21-22

Extraímos disso uma última lição: embora não faltem na Igreja cristãos indignos e traidores, cabe a cada um de nós contrabalançar o mal por eles praticado com o nosso testemunho cristalino a Jesus Cristo, nosso Senhor e Salvador.

CAPÍTULO DEZESSEIS

Paulo

PAULO DE TARSO[1]

Já concluímos as nossas reflexões sobre os doze Apóstolos chamados diretamente por Jesus durante a sua vida terrena. Neste capítulo começamos a examinar as figuras de outras personalidades importantes da Igreja primitiva.

Elas também dedicaram a vida ao Senhor, ao Evangelho e à Igreja. São homens e também mulheres que, como escreve Lucas no *Livro dos Atos*, "expuseram suas vidas pelo nome de nosso Senhor, Jesus Cristo".[2]

O primeiro desses, chamado pelo próprio Senhor, pelo Ressuscitado, para ser também ele um verdadeiro Apóstolo, é sem dúvida nenhuma *Paulo de Tarso*. Ele brilha como estrela de primeira grandeza na história da Igreja, e não somente da Igreja das origens. São João Crisóstomo o exalta como personagem superior inclusive a muitos anjos e arcanjos.[3] Na *Divina Comédia*, Dante Alighieri,

---

[1] Papa Bento XVI, Audiência Geral, 25 de outubro de 2006
[2] At 15,26
[3] Cf. São João Crisóstomo, *Panegírico* 7, 3

inspirando-se no relato de Lucas em Atos,[4] descreve-o simplesmente como "vaso de eleição",[5] que significa: instrumento escolhido por Deus. Outros o chamaram de "décimo terceiro Apóstolo", ou diretamente "o primeiro depois do Único".

Certamente, depois de Jesus, ele é o personagem das origens sobre o qual mais temos informações. De fato, possuímos não só o relato de Lucas nos *Atos dos Apóstolos*, mas também um conjunto de *Epístolas* escritas diretamente por ele e que, sem intermediários, revelam a sua personalidade e o seu pensamento.

Lucas nos informa que o seu nome original era Saulo,[6] em hebraico também Saul,[7] como o rei Saul,[8] e que era um judeu da diáspora, pois a cidade de Tarso está situada entre a Anatólia e a Síria.

Bem jovem ainda, ele foi a Jerusalém para aprofundar-se nos estudos da Lei mosaica aos pés do grande rabi Gamaliel.[9] Ele aprendeu também um ofício manual e rústico, a fabricação de tendas,[10] que mais tarde lhe possibilitou prover a própria subsistência sem ser um peso para as Igrejas.[11]

---

[4] Cf. At 9,15
[5] Dante, *Inf.* 2, 28
[6] Cf. At 7,58; 8,1
[7] Cf. At 9,4.17; 22,7.13; 26,14
[8] Cf. At 13,21
[9] Cf. At 22,3
[10] Cf. At 18,3
[11] Cf. At 20,34; 1 Cor 4,12; 2 Cor 12,13-14

Foi decisivo para ele conhecer a comunidade daqueles que se professavam discípulos de Jesus. Por intermédio deles ele veio a conhecer uma nova fé — um novo "caminho", como se dizia — que tinha como ponto de referência não tanto a Lei de Deus, mas a pessoa de Jesus, crucificado e ressuscitado, a quem já se associava a remissão dos pecados. Como judeu zeloso, ele considerava essa mensagem inaceitável, escandalosa até, e por isso se sentia no dever de perseguir os seguidores de Cristo também fora de Jerusalém.

Foi precisamente na estrada de Damasco, no início dos anos 30 d.C., que, segundo suas palavras, foi "alcançado por Jesus Cristo".[12] Enquanto Lucas narra o fato com abundância de detalhes — de como a luz do Ressuscitado o tocou e mudou fundamentalmente toda a sua vida —, ele, em suas Cartas, vai direto ao essencial e fala não só de uma visão,[13] mas de uma iluminação,[14] e acima de tudo de uma revelação e de uma vocação no encontro com o Ressuscitado.[15]

Com efeito, ele se definirá explicitamente como "apóstolo por vocação"[16] ou "apóstolo pela vontade de Deus",[17] como a enfatizar que a sua conversão não foi resultado de um desenvolvimento de pensamentos, de

---

[12] Fl 3,12
[13] Cf. 1 Cor 9,1
[14] Cf. 2 Cor 4,6
[15] Cf. Gl 1,15-16
[16] Cf. Rm 1,1; 1 Cor 1,1
[17] 2 Cor 1,1; Ef 1,1; Cl 1,1

reflexões, mas fruto da intervenção divina, de uma imprevisível graça divina.

Desse momento em diante, tudo o que constituíra para ele um valor tornou-se paradoxalmente, segundo suas palavras, perda e esterco.[18] E daí para a frente todas as suas energias foram postas ao serviço exclusivo de Jesus Cristo e do seu Evangelho. Toda a sua existência será a de um Apóstolo que quer "tornar-se tudo para todos"[19] sem reservas.

Tiramos daqui uma lição muito importante para nós: o que conta é pôr Jesus Cristo no centro da nossa vida, de modo que a nossa identidade seja marcada essencialmente pelo encontro, pela comunhão com Cristo e com a sua Palavra. À sua luz todo outro valor é recuperado e purificado de eventuais escórias.

Outra lição fundamental oferecida por Paulo é o fôlego que caracteriza o seu apostolado. Sentindo agudamente o problema do acesso dos gentios, isto é, dos pagãos, a Deus, que em Jesus Cristo Crucificado e Ressuscitado oferece salvação a todos sem exceção, ele se dedicou a tornar conhecido este Evangelho, literalmente "boa notícia", isto é, anúncio de graça destinado a reconciliar o homem com Deus, consigo mesmo e com os outros.

Desde o primeiro momento ele compreendeu que essa é uma realidade que não dizia respeito apenas aos judeus ou a um certo grupo de homens, mas que tinha

---

[18] Cf. Fl 3,7-10
[19] 1 Cor 9,22

um valor universal e importava a todos, porque Deus é o Deus de todos. O ponto de partida para as suas viagens foi a Igreja de Antioquia, na Síria, onde pela primeira vez o Evangelho foi anunciado aos gregos e onde também foi cunhado o nome "cristãos" para os seguidores de Cristo.[20] De lá ele foi primeiro para Chipre e depois, em diferentes ocasiões, para as regiões da Ásia Menor (Pisídia, Licaônia, Galácia) e mais tarde para as da Europa (Macedônia, Grécia). As mais relevantes foram as cidades de Éfeso, Filipos, Tessalônica, Corinto, sem esquecer a Beréia, Atenas e Mileto.

No apostolado de Paulo não faltaram dificuldades, que ele enfrentou com coragem por amor a Cristo. Ele próprio lembra ter suportado "fadigas... prisões... açoites... freqüentemente em perigo de morte... Três vezes fui flagelado. Uma vez, apedrejado. Três vezes naufraguei. Passei um dia e uma noite em alto-mar. Fiz numerosas viagens. Sofri perigos nos rios, perigos por parte dos ladrões, perigos por parte dos meus irmãos de estirpe, perigos por parte dos gentios, perigos na cidade, perigos no deserto, perigos no mar, perigos por parte dos falsos irmãos. Mais ainda: fadigas e duros trabalhos, numerosas vigílias, fome e sede, múltiplos jejuns, frio e nudez. E isto sem contar o mais: a minha preocupação cotidiana, a solicitude que tenho por todas as Igrejas".[21]

---

[20] Cf. At 11,20.26
[21] 2 Cor 11,23-28

De uma passagem da Epístola aos Romanos[22] transparece o seu propósito de ir à Espanha, aos extremos do Ocidente para anunciar o Evangelho em toda a parte, até os confins da terra então conhecida. Como não admirar um homem assim? Como não agradecer ao Senhor por nos ter dado um Apóstolo dessa estatura?

É claro que não lhe teria sido possível enfrentar situações tão difíceis e às vezes desesperadoras se não houvesse uma razão de valor absoluto, diante da qual nenhum limite podia ser considerado intransponível. Para Paulo, sua razão, como sabemos, é Jesus Cristo, de quem ele escreve: "O amor de Cristo nos compele... a fim de que aqueles que vivem não vivam mais para si, mas para aquele que morreu e ressuscitou por eles",[23] por nós, por todos.

De fato, o Apóstolo dará o supremo testemunho do sangue sob o imperador Nero aqui em Roma, onde conservamos e veneramos seus restos mortais. Clemente de Roma, meu predecessor nesta Sé Apostólica, assim se expressou nos últimos anos do século I: "Por causa da inveja e da discórdia, Paulo foi obrigado a nos mostrar como se consegue o prêmio da paciência... Depois de pregar a justiça a todo o mundo, e depois de chegar aos confins do Ocidente, ele suportou o martírio diante dos governantes; assim partiu deste mundo e chegou ao

---

[22] Cf. Rm 15,24.28
[23] 2 Cor 5,14-15

lugar santo, tornando-se desse modo o maior modelo de perseverança."[24]

O Senhor nos ajude a pôr em prática a exortação que o Apóstolo nos deixou em suas cartas: "Sede meus imitadores, como eu mesmo o sou de Cristo."[25]

A NOVA VISÃO DE PAULO[26]

Nas cartas de São Paulo, depois do nome de Deus, que aparece mais de 500 vezes, o nome mais freqüentemente mencionado é o de Cristo (380) vezes. Assim, é importante que tenhamos consciência do profundo efeito que Jesus Cristo pode exercer sobre a vida de um homem e, portanto, também sobre a nossa vida. Na verdade, a história da salvação culmina em Jesus Cristo, e assim ele é também o verdadeiro ponto de discriminação no diálogo com outras religiões.

> O que conta é pôr Jesus Cristo no centro da nossa vida, de modo que a nossa identidade seja marcada essencialmente pelo encontro, pela comunhão com Cristo e com a sua Palavra. À sua luz todo outro valor é recuperado e purificado de eventuais escórias.

Observando Paulo, é assim que poderíamos formular a pergunta básica: Como ocorre o encontro de um ser humano com Cristo? E em que consiste a relação que tem origem nesse encontro? A resposta dada por Paulo pode ser compreendida em dois momentos.

Em primeiro lugar, Paulo nos ajuda a compreender o valor absolutamente básico e insubstituível da fé. Eis o

---

[24] Clemente de Roma, Aos Coríntios, 5
[25] 1 Cor 11,1
[26] Papa Bento XVI, Audiência Geral, 8 de novembro de 2006

que ele escreve na *Epístola aos Romanos*: "Nós sustentamos que o homem é justificado pela fé, sem as obras da Lei."[27]

E também na *Epístola aos Gálatas*: "Sabendo, entretanto, que o homem não se justifica pelas obras da Lei, mas pela fé em Jesus Cristo, nós também cremos em Jesus Cristo para sermos justificados pela fé em Cristo e não pelas obras da Lei, porque pelas obras da Lei ninguém será justificado."[28]

"Ser justificados" significa ser tornado justo, isto é, ser acolhido pela justiça misericordiosa de Deus e entrar em comunhão com Ele, e conseqüentemente poder estabelecer uma relação muito mais autêntica com todos os nossos irmãos: e isso sobre a base de um total perdão dos nossos pecados.

Bem, Paulo diz com toda clareza que essa condição de vida não depende das nossas eventuais boas obras, mas de uma pura graça de Deus: "Somos justificados gratuitamente por sua graça, em virtude da redenção realizada em Jesus Cristo."[29] Com essas palavras São Paulo exprime o conteúdo fundamental da sua conversão, a nova direção da sua vida resultante do seu encontro com o Cristo Ressuscitado.

Antes da sua conversão, Paulo não fora um homem distante de Deus e da sua Lei. Pelo contrário, era um observador, com uma observância tão fiel a ponto de ser

---

[27] Rm 3,28
[28] Gal 2:16
[29] Rm 3,24

fanático. À luz do encontro com Cristo, porém, ele compreendeu que com isso havia procurado construir a si mesmo, à sua própria justiça, e que com toda essa justiça havia vivido para si mesmo.

Ele compreendeu que uma nova orientação da sua vida era absolutamente necessária. E encontramos essa nova orientação expressa em suas palavras: "Minha vida presente na carne, eu a vivo pela fé no Filho de Deus, que me amou e se entregou a si mesmo por mim."[30]

Paulo, portanto, não vive mais para si, para a sua própria justiça. Ele vive para Cristo e com Cristo: dando a si mesmo, não mais procurando e construindo a si mesmo. Essa é a nova justiça, a nova orientação a nós dada pelo Senhor, a nós dada pela fé.

Diante da cruz de Cristo, expressão extrema da sua autodoação, não há ninguém que possa gloriar-se de si mesmo, da própria justiça feita por si mesmo e para si mesmo. Em outro lugar, ecoando Jeremias, Paulo explica esse pensamento, escrevendo, "Aquele que se gloria, glorie-se no Senhor"[31] ou "Quanto a mim, não aconteça gloriar-me senão na cruz de nosso Senhor Jesus Cristo, por quem o mundo está crucificado para mim e eu para o mundo."[32]

Refletindo sobre o significado de justificação não pelas obras mas pela fé, chegamos assim ao segundo com-

---

[30] Gl 2,20
[31] 1 Cor 1,31 = Jr 9,23-24ss.
[32] Gl 6,14

ponente que define a identidade cristã descrita por São Paulo na própria vida.

Essa identidade cristã é composta precisamente de dois elementos: o conter-se de procurar a si mesmo por si mesmo, mas receber a si mesmo de Cristo e dar a si mesmo com Cristo, participando assim pessoalmente da vida do próprio Cristo até o ponto de identificar-se com ele e de fazer parte tanto da sua morte quanto da sua vida. É isto que Paulo escreve na *Epístola aos Romanos*: "Todos fomos batizados na sua morte... fomos sepultados com ele... nos tornamos uma coisa só com ele... Assim também vós considerai-vos mortos para o pecado e vivos para Deus em Cristo Jesus."[33]

Precisamente esta última expressão é reveladora: para Paulo, de fato, não basta dizer que os cristãos são batizados ou que crêem; para ele é igualmente importante dizer que eles são "em Cristo Jesus".[34]

Outras vezes ele inverte os termos e escreve que "Cristo está em nós/vós"[35] ou "em mim".[36]

Essa mútua compenetração entre Cristo e o cristão, característica do ensinamento de Paulo, completa o seu discurso sobre a fé.

Com efeito, embora a fé nos una intimamente a Cristo, ela salienta a distinção entre nós e ele. Mas, de acordo com Paulo, a vida do cristão tem também um componen-

---

[33] Rm 6,3.4.5.11
[34] Ver também Rm 8,1.2.39; 12,5; 16,3.7.10; 1 Cor 1,2.3, etc.
[35] Rm 8,10; 2 Cor 13,5
[36] Gl 2,20

te que podemos descrever como "místico", na medida em que comporta uma identificação de nós com Cristo e de Cristo conosco. Neste sentido, o Apóstolo chega inclusive a qualificar os nossos sofrimentos como os "sofrimentos de Cristo em nós",[37] de modo que "incessantemente e por toda parte trazemos em nosso corpo a agonia de Jesus, a fim de que a vida de Jesus seja também manifestada em nosso corpo".[38]

Devemos inserir tudo isto em nossa vida diária seguindo o exemplo de Paulo, que viveu sempre com esse grande escopo espiritual. Por um lado, a fé deve manter-nos numa constante atitude de humildade diante de Deus, ou antes, de adoração e louvor.

De fato, é a ele e à sua graça somente que devemos o que somos enquanto cristãos. Como nada nem ninguém pode substituí-lo é preciso, portanto, que a nada e a ninguém mais tributemos homenagem senão a ele. Nenhum ídolo deve contaminar o nosso universo espiritual ou do contrário, em vez de usufruir a liberdade obtida, recairemos numa forma de escravidão humilhante.

Por outro lado, o fato de pertencermos radicalmente a Cristo e de "estarmos nele" deve infundir-nos uma atitude de total confiança e imensa alegria. Em suma, devemos exclamar com São Paulo: "Se Deus está conosco, quem estará contra nós?"[39] E a resposta é que nada nem ninguém "poderá nos separar do amor de Deus mani-

---
[37] 2 Cor 1,5
[38] 2 Cor 4,10
[39] Rm 8,31

festado em Cristo Jesus, nosso Senhor".[40] A nossa vida cristã, portanto, assenta-se sobre a rocha mais estável e segura que se possa imaginar. E dela tiramos toda a nossa energia, justamente como escreve o Apóstolo: "Tudo posso naquele que me fortalece."[41]

Paulo, portanto, não vive mais para si, para a sua própria justiça. Ele vive para Cristo e com Cristo: dando a si mesmo, não mais procurando e construindo a si mesmo.

Por isso, enfrentemos a nossa existência, com suas alegrias e tristezas, sustentados por esses profundos sentimentos que Paulo nos oferece. Tendo uma experiência deles, poderemos compreender como é verdadeiro o que o mesmo Apóstolo escreve: "Sei em quem coloquei a minha fé, e estou certo de que ele tem poder para guardar o meu depósito, até aquele Dia", isto é, até o Dia definitivo[42] do nosso encontro com Cristo Juiz, Salvador do mundo e nosso Salvador.

Paulo e o Espírito[43]

Temos diante de nós um gigante, não só no plano do apostolado concreto, mas também da doutrina teológica, extraordinariamente profunda e estimulante.

Depois de meditar sobre o que Paulo escreveu com relação ao lugar central que Jesus Cristo ocupa em nossa vida de fé, vejamos agora o que ele diz sobre o Espírito

---

[40] Rm 8,39
[41] Fl 4,13
[42] 2 Tm 1,12
[43] Papa Bento XVI, Audiência Geral, 15 de novembro de 2006

Santo e sobre a sua presença em nós, porque aqui também o Apóstolo tem algo muito importante a nos ensinar.

Sabemos o que São Lucas nos diz a respeito do Espírito Santo através dos *Atos dos Apóstolos*, na descrição do evento de Pentecostes. O Espírito de Pentecostes traz consigo um vigoroso impulso para assumir o compromisso da missão para testemunhar o Evangelho nas estradas do mundo.

De fato, os *Atos dos Apóstolos* narram toda uma série de missões realizadas pelos apóstolos, primeiro na Samaria, depois na faixa litorânea da Palestina e em seguida na direção da Síria. Acima de tudo, eles narram as três grandes viagens missionárias de Paulo, como já lembrei neste livro.

Em suas Cartas, porém, São Paulo nos fala do Espírito também sob outro ângulo. Ele não se limita a descrever apenas a dimensão dinâmica e operativa da terceira Pessoa da Santíssima Trindade, mas analisa ainda a sua presença na vida do cristão, dando-lhe uma identidade.

Em outras palavras, Paulo reflete sobre o Espírito expondo não só a influência do Paráclito sobre a *ação*, mas também sobre o *ser* do cristão. Com efeito, é ele que diz que o Espírito Santo habita em nós[44] e que "Deus enviou aos nossos corações o Espírito do seu Filho".[45]

Para Paulo, portanto, o Espírito nos inflama até as profundezas mais íntimas do nosso ser. Nesse contexto,

---

[44] Cf. Rm 8,9; 1 Cor 3,16
[45] Gl 4,6

eis algumas palavras suas de profundo significado: "A Lei do Espírito da vida em Cristo Jesus te libertou da lei do pecado e da morte... Não recebestes um espírito de escravos, para recair no temor, mas recebestes um espírito de filhos adotivos, pelo qual clamamos: *Abba*! Pai!";[46] porque somos filhos de Deus, podemos chamá-lo de "Pai".

Assim, podemos ver claramente que o cristão, antes mesmo de agir, possui já uma interioridade rica e fecunda a ele dada nos sacramentos do Batismo e da Confirmação, uma interioridade que o estabelece numa relação objetiva e original de filiação com Deus. Essa é a nossa maior dignidade: a de não sermos apenas imagens, mas filhos de Deus.

E este é um convite a vivermos esta nossa filiação, a termos consciência cada vez maior de que somos filhos adotivos na grande família de Deus. É um convite a transformar esse dom objetivo numa realidade subjetiva, decisiva para o nosso modo de pensar, de agir e de ser.

O Espírito, sempre alerta em nós, supre as nossas carências e oferece ao Pai a nossa adoração, acompanhada das nossas aspirações mais profundas.

Deus nos considera seus filhos, tendo-nos elevado a uma dignidade semelhante, se não igual, àquela do próprio Jesus, o único verdadeiro Filho em sentido pleno. Nele nos é dada, ou restituída, a condição filial e a liberdade confiante em nossa relação com o Pai.

Descobrimos assim que para o cristão o Espírito não é mais somente o "Espírito de Deus", como se diz normal-

---

[46] Rm 8,2.15

CAPÍTULO DEZESSEIS • Paulo   157

mente no Antigo Testamento e se continua a repetir na linguagem cristã.[47] E também não é mais simplesmente um "Espírito Santo" genericamente compreendido, conforme o modo de expressar-se do Antigo Testamento[48] e do próprio judaísmo nos seus escritos.[49] De fato, a confissão de um compartilhar original desse Espírito por parte do Senhor ressuscitado, o qual se tornou ele próprio "Espírito vivificante",[50] pertence à especificidade da fé cristã.

Precisamente por isso, São Paulo fala diretamente do "Espírito de Cristo",[51] do "Espírito do Filho"[52] ou do "Espírito de Jesus Cristo".[53] É como se ele quisesse dizer que não só Deus Pai é visível no Filho,[54] mas que também o Espírito de Deus se manifesta na vida e na ação do Senhor crucificado e ressuscitado!

Paulo nos ensina outra coisa importante: ele diz que não existe oração verdadeira sem a presença do Espírito em nós. Ele escreve: "Assim também o Espírito socorre a nossa fraqueza. Pois não sabemos o que pedir como convém; mas o próprio Espírito intercede por nós com gemidos inefáveis, e aquele que perscruta os corações sabe

---

[47] Cf. Gn 41,38; Ex 31,3; 1 Cor 2,11-12; Fl 3,3, etc.
[48] Cf. Is 63,10-11; Sl 51[50],13
[49] Qumrã, rabinismo
[50] 1 Cor 15,45
[51] Rm 8,9
[52] Cf. Gl 4,6
[53] Fl 1,19
[54] Cf. Jo 14,9

qual o desejo do Espírito; pois, é segundo Deus que ele intercede pelos santos."[55]

É como dizer que o Espírito Santo, isto é, o Espírito do Pai e do Filho, já é como a alma da nossa alma, a parte mais secreta do nosso ser, de onde um impulso de oração se eleva incessantemente a Deus, cujas palavras não conseguimos sequer começar a explicar.

Com efeito, o Espírito, sempre alerta em nós, supre as nossas carências e oferece ao Pai a nossa adoração, acompanhada das nossas aspirações mais profundas.

Naturalmente, isto exige um nível de grande comunhão vital com o Espírito. É um convite a sermos sempre mais sensíveis, mais atentos a essa presença do Espírito em Nós, a transformá-la em oração, a sentir essa presença e assim aprender a rezar, a falar com o Pai como filhos no Espírito Santo.

Há ainda outro aspecto típico do Espírito que São Paulo nos ensina: a sua ligação com o amor. Assim escreve o Apóstolo: "A esperança não decepciona, porque o amor de Deus foi derramado em nossos corações pelo Espírito Santo que nos foi dado."[56]

Na minha Carta Encíclica "*Deus caritas est*", citei uma frase muito eloqüente de Santo Agostinho: "Se vês a caridade, vês a Trindade",[57] e continuei explicando: "O Espírito, com efeito, é essa força interior que harmoniza o coração [dos crentes] com o coração de Cristo e os move

---

[55] Rm 8,26-27
[56] Rm 5,5
[57] Papa Bento XVI, *Deus caritas est*, nº 19

a amar os seus irmãos como Cristo os amou."⁵⁸ O Espírito nos imerge no ritmo mesmo da vida divina, que é uma vida de amor, tornando-nos pessoalmente partícipes das relações entre o Pai e o Filho. Não é sem significado que Paulo, quando enumera os vários componentes da frutificação do Espírito, ponha em primeiro lugar o amor: "O fruto do Espírito é amor, alegria, paz", etc.⁵⁹

E como por definição o amor une, isso significa antes de mais nada que o Espírito é criador de comunhão na comunidade cristã, como dizemos no início da Santa Missa com uma expressão paulina: "... a comunhão do Espírito Santo [isto é, a que é operada por ele] esteja com todos vós."⁶⁰

Por outro lado, porém, é também verdade que o Espírito nos estimula a entretecer relações de caridade com todas as pessoas. Assim, quando amamos, abrimos espaço para o Espírito e lhe damos condições de manifestar-se plenamente.

Compreendemos assim por que Paulo justapõe na mesma página da sua Epístola aos Romanos as duas exortações: "Sede fervorosos no Espírito" e "A ninguém pagueis o mal com o mal".⁶¹ Finalmente, segundo São Paulo, o Espírito é um penhor generoso que nos é dado

---

⁵⁸ Ibid.
⁵⁹ Gl 5,22
⁶⁰ 2 Cor 13,13
⁶¹ Rm 12,11.17

pelo próprio Deus em antecipação e ao mesmo tempo como garantia da nossa herança futura.[62]

Aprendamos assim de Paulo que a ação do Espírito orienta a nossa vida para os grandes valores do amor, da alegria, da comunhão e da esperança. Cabe a nós viver a experiência disso todos os dias, acolhendo as sugestões interiores do Espírito, ajudados em nosso discernimento pela orientação iluminadora do Apóstolo.

São Paulo e a Igreja[63]

Não podemos despedir-nos do Apóstolo Paulo sem levar em consideração um dos elementos decisivos da sua atividade e um dos temas mais importantes do seu pensamento: a realidade da Igreja.

Devemos em primeiro lugar observar que o seu contato inicial com a pessoa de Jesus aconteceu através do testemunho da comunidade cristã de Jerusalém. Foi um contato turbulento. Depois de tomar conhecimento do novo grupo de crentes, ele se tornou um perseguidor ferrenho desses cristãos. Ele próprio reconhece esse fato pelo menos três vezes em outras tantas das suas *Epístolas*: "Persegui a Igreja de Cristo",[64] escreve, quase descrevendo esse comportamento como o pior dos crimes.

A história nos mostra que em geral se chega a Cristo passando pela Igreja! Num certo sentido, isso se comprovou, dizíamos, também no caso de Paulo, que encontrou

---

[62] Cf. 2 Cor 1,22; 5,5; Ef 1,13-14
[63] Papa Bento XVI, Audiência Geral, 22 de novembro de 2006
[64] 1 Cor 15,9; Gl 1,13; Fl 3,6

a Igreja antes de encontrar Jesus. No caso dele, porém, esse contato foi contraproducente, pois não resultou em adesão, mas em rejeição violenta.

Para Paulo, a adesão à Igreja foi propiciada por uma intervenção direta de Cristo, que ao se revelar na estrada de Damasco, identificou-se com a Igreja e fez Paulo compreender que perseguir a Igreja era perseguir a ele mesmo, o Senhor.

Com efeito, o Ressuscitado disse a Paulo, perseguidor da Igreja: "Saulo, Saulo, por que me persegues?"[65] Perseguindo a Igreja, ele perseguia Cristo.

Paulo, portanto, se converteu ao mesmo tempo a Cristo e à Igreja. Daqui se compreende por que a Igreja tornou-se depois tão presente nos pensamentos, no coração e na atividade de Paulo.

Em primeiro lugar, ela esteve tão presente que ele literalmente fundou muitas Igrejas nas várias cidades a que se dirigia como evangelizador. Quando fala da sua "solicitude por todas as Igrejas",[66] ele pensa nas várias comunidades cristãs criadas de tempos em tempos na Galácia, na Jônia, na Macedônia e na Acaia.

Algumas dessas Igrejas também lhe causaram preocupações e dissabores, como aconteceu, por exemplo, nas Igrejas da Galácia, que ele vê "passar a outro evangelho",[67] fato a que ele se opôs com implacável determinação.

---

[65] At 9,4
[66] 2 Cor 11,28
[67] Gl 1,6

No entanto, ele se sentia ligado às Comunidades que fundava, não de uma maneira fria e burocrática, mas intensa e apaixonada. Assim, por exemplo, ele define os filipenses como "irmãos amados e queridos, minha alegria e coroa".[68]

Outras vezes ele compara as várias Comunidades com uma carta de recomendação única no seu gênero: "Nossa carta sois vós, carta escrita em nossos corações, reconhecida e lida por todos os homens."[69]

Outras vezes ainda, demonstra para com elas um verdadeiro e profundo sentimento não só de paternidade, mas também de maternidade, como quando se dirige aos seus destinatários dizendo-lhes: "Meus filhos, por quem eu sofro de novo as dores do parto, até que Cristo seja formado em vós."[70]

Nas suas *Epístolas* Paulo também ilustra para nós a sua doutrina sobre a Igreja como tal. Assim, é bem conhecida a sua definição original da Igreja como "Corpo de Cristo" que não encontramos em outros autores cristãos do século I.[71]

Encontramos a raiz mais profunda dessa designação surpreendente da Igreja no Sacramento do Corpo de Cristo. São Paulo diz: "Já que há um único pão, nós, embora muitos, somos um só corpo."[72] Na mesma Eucaristia,

---

[68] Fl 4,1
[69] 2 Cor 3,2
[70] Gl 4,19; cf. também 1 Cor 4,14-15; 1 Ts 2,7-8
[71] Cf. 1 Cor 12,27; Ef 4,12; 5,30; Cl 1,24
[72] 1 Cor 10,17

Cristo nos dá o seu Corpo e nos faz o seu Corpo. Neste sentido, São Paulo diz aos gálatas: "Todos vós sois um só em Cristo Jesus."[73] Dizendo tudo isso, Paulo nos faz compreender que existe não só um pertencer da Igreja a Cristo, mas também uma certa forma de equiparação e identificação da Igreja com o próprio Cristo.

É daqui, portanto, que deriva a grandeza e a nobreza da Igreja, isto é, de todos nós que fazemos parte dela: de sermos nós membros de Cristo, uma extensão por assim dizer da sua presença pessoal no mundo. E daqui, naturalmente, decorre o nosso dever de viver realmente em conformidade com Cristo.

Daqui derivam também as exortações de Paulo a propósito dos vários carismas que animam e estruturam a comunidade cristã. Todos eles são atribuídos a uma única fonte, o Espírito do Pai e do Filho, sabendo bem que na Igreja não há ninguém que seja desprovido deles, como escreve o Apóstolo, "Cada um recebe o dom de manifestar o Espírito para a utilidade de todos".[74]

É importante, porém, que os carismas cooperem juntos para a edificação da comunidade e não que se tornem motivo de divisão.

Nesse aspecto, Paulo pergunta a si mesmo retoricamente: "Cristo estaria dividido?"[75] Ele bem sabe e nos ensina que é necessário "conservar a unidade do Espírito pelo vínculo da paz. Há um só Corpo e um só Espírito,

---

[73] Gl 3,28
[74] 1 Cor 12,7
[75] 1 Cor 1,13

assim como é uma só a esperança da vocação a que fostes chamados".⁷⁶

Obviamente, sublinhar a necessidade da unidade não significa que se deva uniformizar ou achatar a vida eclesial de acordo com um modo de operar único. Em outra passagem, Paulo ensina a "não extinguir o Espírito",⁷⁷ isto é, a abrir generosamente espaço ao dinamismo imprevisível das manifestações carismáticas do Espírito, que é uma fonte sempre nova de energia e de vitalidade.

Mas se há um critério a que Paulo se atém com firmeza é a edificação mútua: "Que tudo se faça para a edificação."⁷⁸ Tudo deve contribuir para entrelaçar harmoniosamente o tecido eclesial, não só sem porções frouxas, mas também sem furos e rasgos.

Para Paulo, a adesão à Igreja foi propiciada por uma intervenção direta de Cristo, que ao se revelar na estrada de Damasco, identificou-se com a Igreja e fez Paulo compreender que perseguir a Igreja era perseguir a ele mesmo, o Senhor.

Há ainda uma Carta paulina que apresenta a Igreja como esposa de Cristo.⁷⁹ Com isso, Paulo retoma uma antiga metáfora profética que fazia do povo de Israel a esposa do Deus da aliança:⁸⁰ isso para expressar a intimidade da relação entre Cristo e sua Igreja, tanto no sentido de que ela é objeto do mais terno amor por parte do seu Senhor quanto no sentido de que o amor deve ser

---

⁷⁶ Ef 4,3-4
⁷⁷ 1 Ts 5,19
⁷⁸ 1 Cor 14,26
⁷⁹ Cf. Ef 5,21-33
⁸⁰ Cf. Os 2,4.21; Is 54,5-8

mútuo e que nós também, portanto, como membros da Igreja, devemos demonstrar a Ele fidelidade apaixonada. Em suma, portanto, está em jogo uma relação de comunhão: aquela por assim dizer comunhão *vertical* entre Jesus Cristo e todos nós, mas também a comunhão *horizontal* entre todos os que se distinguem no mundo porque "invocam o nome de nosso Senhor Jesus Cristo".[81]

Esta é a nossa definição: fazemos parte daqueles que invocam o nome do Senhor Jesus Cristo. Compreendemos assim claramente por que é tão desejável que se realize o que o próprio Paulo almeja quando escreve aos coríntios: "Se, ao contrário, todos profetizarem, o incrédulo ou o simples ouvinte que entrar há de se sentir argüido por todos, julgado por todos; os segredos de seu coração serão desvendados; prostrar-se-á com o rosto por terra, adorará a Deus e proclamará que Deus está realmente no meio de vós."[82]

Assim devem ser os nossos encontros litúrgicos. Um não-cristão que entra em uma das nossas assembléias, no fim deveria poder dizer: "Deus está realmente com vocês." Rezemos ao Senhor para que seja assim, em comunhão com Cristo e em comunhão entre nós.

---

[81] 1 Cor 1,2
[82] 1 Cor 14,24-45

PARTE III

Os Colaboradores dos Apóstolos

CAPÍTULO DEZESSETE

Timóteo e Tito[1]

Vamos agora refletir sobre os dois colaboradores mais próximos de Paulo: Timóteo e Tito. Três *Epístolas* tradicionalmente atribuídas a Paulo são endereçadas a eles, duas a Timóteo e uma a Tito.

Timóteo é um nome grego que significa "aquele que honra a Deus". Enquanto Lucas o menciona seis vezes nos Atos, Paulo se refere a ele pelo menos 17 vezes em suas cartas (com uma ocorrência a mais na Epístola aos Hebreus).

Podemos deduzir daí que Paulo o tinha em alta estima, mesmo que Lucas não tenha maiores preocupações em dizer-nos tudo a respeito dele.

De fato, o Apóstolo atribuiu a Timóteo missões importantes e o viu quase como um *alter ego*, como comprova o grande elogio que lhe dá na *Epístola aos Filipenses*: "Não tenho ninguém de igual sentimento (*isópsychon*) que tão sinceramente como ele se preocupe com o que vos diz respeito."[2]

---

[1] Papa Bento XVI, Audiência Geral, 13 de dezembro de 2006
[2] Fl 2,20

Timóteo nasceu em Listra (cerca de 200 quilômetros a noroeste de Tarso) de mãe judia e pai pagão.[3] O fato de sua mãe ter contraído um matrimônio misto e de não ter circuncidado o filho sugere que Timóteo cresceu numa família pouco praticante, mesmo que esteja dito que ele conhecia as Escrituras desde a infância.[4] Chegaram até nós os nomes da sua mãe, Eunice, e o da sua avó, Lóide.[5]

Quando Paulo passou por Listra no início da sua segunda viagem missionária, ele escolheu Timóteo como companheiro, porque "dele davam bom testemunho os irmãos de Listra e de Icônio",[6] mas realizou a sua circuncisão "por causa dos judeus que havia naqueles lugares".[7]

Com Paulo e Silas, Timóteo atravessou a Ásia Menor até Trôade, de onde passou para a Macedônia. Somos informados ainda de que em Filipos, onde Paulo e Silas foram falsamente acusados de perturbar a ordem pública e aprisionados por se oporem à exploração de uma jovem que tinha um espírito de adivinhação por parte de alguns indivíduos sem escrúpulos,[8] Timóteo foi poupado.

Quando Paulo foi depois obrigado a prosseguir até Atenas, Timóteo juntou-se a ele nessa cidade e dali foi

---

[3] Cf. At 16,1
[4] Cf. 2 Tm 3,15
[5] Cf. 2 Tm 1,5
[6] At 16,2
[7] At 16,3
[8] Cf. At 16,16-40

enviado à jovem Igreja de Tessalônica para obter notícias sobre essa Igreja e para confirmá-la na fé.[9] Em seguida encontrou-se com o Apóstolo em Corinto, dando-lhe boas notícias de Tessalônica e colaborando com ele na evangelização dessa cidade.[10] Encontramos Timóteo em Éfeso durante a terceira viagem missionária de Paulo. Foi provavelmente dali que o apóstolo escreveu para Filêmon e para os filipenses, sendo Timóteo co-remetente.[11] De Éfeso, Paulo enviou Timóteo para a Macedônia, com um certo Erasto,[12] e depois também para Corinto com a missão de levar uma carta aos coríntios, na qual recomendava que dessem boa acolhida ao portador.[13]

Nós o encontramos novamente como co-remetente da *Segunda Epístola aos Coríntios*, e quando Paulo escreve de Corinto a *Epístola aos Romanos*, com as saudações de outras pessoas citadas, ele inclui também as de Timóteo.[14]

De Corinto, o discípulo partiu para Trôade, na costa asiática do mar Egeu, e lá esperou o Apóstolo que se dirigia para Jerusalém no fim da sua terceira viagem missionária.[15]

---

[9] Cf. 1 Ts 3,1-2
[10] Cf. 2 Cor 1,19
[11] Cf. Fm 1; Fl 1,1
[12] Cf. At 19,22
[13] Cf. 1 Cor 4,17; 16,10-11
[14] Cf. Rm 16,21
[15] Cf. At 20,4

A partir desse momento na biografia de Timóteo, as fontes antigas não mencionam mais nada além de uma referência que lhe faz a *Epístola aos Hebreus*: "Sabei que o nosso irmão Timóteo foi libertado. Se vier logo, irei ver-vos juntamente com ele."[16]

Para concluir, podemos dizer que a figura de Timóteo se destaca como a de um pastor de grande importância.

De acordo com a *História Eclesiástica* de Eusébio, Timóteo foi o primeiro bispo de Éfeso.[17] Algumas relíquias suas, trazidas de Constantinopla em 1239, encontram-se na Catedral de Termoli no Molise, na Itália.

Quanto à figura de *Tito*, cujo nome é de origem latina, sabemos que ele era grego de nascimento, isto é, pagão.[18] Paulo levou Tito para Jerusalém por ocasião do Concílio Apostólico, no qual a pregação do Evangelho aos pagãos, livre das obrigações da lei mosaica, foi solenemente aceita.

Na Carta endereçada a Tito, o Apóstolo o elogia chamando-o de "meu verdadeiro filho na fé comum".[19] Depois que Timóteo partiu de Corinto, Paulo enviou Tito para lá com a tarefa de reconduzir aquela comunidade rebelde à obediência.

Tito restabeleceu a paz entre a Igreja de Corinto e o Apóstolo, que escreveu a essa Igreja nestes termos: "Mas aquele que consola os humildes, Deus, consolou-nos pela

---

[16] Hb 13,23
[17] Eusébio, *História Eclesiástica*, cf. 3, 4
[18] Cf. Gl 2,3
[19] Tt 1,4

chegada de Tito. E não somente pela sua chegada, mas também pelo consolo que recebeu de vossa parte. Referiu-nos o vosso vivo desejo, a vossa desolação e o vosso zelo por mim... A esta consolação pessoal sobreveio uma alegria maior ainda: a de vermos a alegria de Tito, cujo espírito foi tranqüilizado por todos vós."[20]

De Corinto, Tito foi novamente enviado por Paulo — que o chama de "companheiro e colaborador"[21] — para organizar o término das coletas em favor dos cristãos de Jerusalém.[22]

> Considerando em conjunto as duas figuras de Timóteo e Tito, ficamos cientes de alguns fatos muito significativos. O mais importante deles é que Paulo valeu-se de colaboradores para levar as suas missões a bom termo.

Outras informações provenientes das *Epístolas Pastorais* apresentam-no como Bispo de Creta,[23] de onde, a convite de Paulo, reuniu-se ao Apóstolo em Nicópolis, no Epiro.[24] Em seguida, foi também para a Dalmácia.[25] Não temos informações sobre os movimentos posteriores de Tito e sobre a sua morte.

Para concluir, considerando em conjunto as duas figuras de Timóteo e Tito, ficamos cientes de alguns fatos muito significativos. O mais importante deles é que Paulo valeu-se de colaboradores para levar as suas missões a

---

[20] 2 Cor 7,6-7.13
[21] 2 Cor 8,23
[22] Cf. 2 Cor 8,6
[23] Cf. Tt 1,5
[24] Cf. Tt 3,12
[25] Cf. Tm 4,10

bom termo. Ele certamente se mantém como o Apóstolo por excelência, fundador e pastor de muitas Igrejas.

Está muito claro, todavia, que ele não fazia tudo sozinho, mas se apoiava em pessoas confiáveis com quem dividia suas labutas e responsabilidades.

Outra observação diz respeito à disponibilidade desses colaboradores. As fontes referentes a Timóteo e a Tito ressaltam a presteza dos dois em assumir várias incumbências que em geral consistiam em representar Paulo em circunstâncias realmente difíceis. Numa palavra, eles nos ensinam a servir ao Evangelho com generosidade, sabendo que isso implica também um serviço à própria Igreja.

Por fim, sigamos a recomendação que o Apóstolo Paulo faz a Tito na carta a ele endereçada: "Desejo, pois, que insistas nestes pontos, de sorte que aqueles que crêem em Deus sejam solícitos na prática do bem. Estas coisas são excelentes e proveitosas aos homens."[26]

Mediante o nosso empenho concreto, devemos e podemos descobrir a verdade dessas palavras para nós também sermos ricos em boas obras e assim abrir as portas do mundo para Cristo, nosso Salvador.

---

[26] Tt 3,8

CAPÍTULO DEZOITO

Estêvão, o Protomártir[1]

Neste capítulo vamos refletir sobre a pessoa de Santo Estêvão, cuja festa a Igreja celebra no dia seguinte ao Natal. Santo Estêvão é o mais representativo de um grupo de sete companheiros. A tradição vê nesse grupo o embrião do futuro ministério dos "diáconos", embora se deva dizer que essa denominação não consta do *Livro dos Atos*. Em todo caso, a importância de Estêvão resulta do fato de que Lucas, em seu importante livro, dedica-lhe dois capítulos inteiros.

A narrativa de Lucas inicia com a constatação de uma divisão instalada na primitiva Igreja de Jerusalém: essa Igreja era constituída de cristãos de origem judaica, mas alguns desses eram originários da terra de Israel e eram chamados "hebreus", enquanto outros de fé judaica veterotestamentária provinham da diáspora de língua grega e eram conhecidos como "helenistas". Este era o novo problema: os mais necessitados entre os helenistas, especialmente as viúvas desprovidas de qualquer apoio social, corriam o risco de ser esquecidas na distribuição diária.

---

[1] Papa Bento XVI, Audiência Geral, 10 de janeiro de 2007

Para evitar essa dificuldade, os Apóstolos, reservando para si mesmos a oração e o ministério da Palavra, decidiram encarregar "sete homens de boa reputação, repletos do Espírito e sabedoria" para ajudá-los nessa tarefa.[2]

Com essa finalidade, escreve Lucas, a convite dos Apóstolos os discípulos escolheram sete homens, dos quais inclusive temos os nomes: "Estêvão, homem cheio de fé e do Espírito Santo, Filipe, Prócoro, Nicanor, Timon, Pármenas e Nicolau. Apresentaram-nos aos Apóstolos que, depois de orar, impuseram-lhes as mãos."[3]

O ato da imposição das mãos pode ter vários significados. No Antigo Testamento, o gesto significa principalmente a transmissão de uma função importante, como fez Moisés com Josué,[4] designando assim o seu sucessor. Nessa linha, também a Igreja de Antioquia utilizaria esse gesto para enviar Paulo e Barnabé em missão aos povos do mundo.[5]

As duas Cartas paulinas endereçadas a Timóteo[6] fazem referência a uma imposição das mãos semelhante sobre Timóteo para conferir-lhe uma responsabilidade oficial. Pelo que lemos na *Primeira Epístola a Timóteo*, podemos deduzir que essa era uma ação importante a ser realizada depois de muito discernimento: "A ninguém

---

[2] At 6,2-4
[3] Cf. At 6,5-6
[4] Cf. Nm 27,18-23
[5] Cf. At 13,3
[6] Cf. 1 Tm 4,14; 2 Tm 1,6

imponhas apressadamente as mãos, para não ser cúmplice dos pecados de outrem."[7]

Vemos assim que o ato de imposição das mãos desenvolve-se na linha de um sinal sacramental. No caso de Estêvão e companheiros, trata-se certamente da transmissão oficial, por parte dos Apóstolos, de uma função e ao mesmo tempo de um pedido de graça para executá-la.

A coisa mais importante a observar é que além dos serviços caritativos, Estêvão realiza também uma tarefa de evangelização entre seus compatriotas, os assim chamados "helenistas". De fato, Lucas insiste no fato de que Estêvão, "cheio de graça e de poder",[8] apresenta em nome de Jesus uma nova interpretação de Moisés e da própria Lei de Deus. Ele faz uma releitura do Antigo Testamento à luz do anúncio da morte e da ressurreição de Jesus. Essa reinterpretação cristológica do Antigo Testamento provoca reações dos judeus que entendem suas palavras como blasfêmia.[9]

Por esse motivo ele foi condenado ao apedrejamento. E São Lucas nos transmite o último discurso do santo, uma síntese da sua pregação. Como Jesus havia mostrado aos discípulos de Emaús que todo o Antigo Testamento fala dele, da sua cruz e da sua ressurreição, assim Santo Estêvão, seguindo o ensinamento de Jesus, lê todo o Antigo Testamento numa perspectiva cristológica. Ele mostra que o mistério da Cruz está no centro da história da

---

[7] 1 Tm 5,22
[8] At 6,8
[9] Cf. At 6,11-14

salvação conforme ela é narrada no Antigo Testamento, mostra que realmente Jesus, o crucificado e ressuscitado, é o ponto de chegada de toda essa história.

Santo Estêvão também demonstra, portanto, que o culto do templo está terminado e que Jesus, o ressuscitado, é o novo e verdadeiro "templo". É precisamente este "não" ao templo e ao seu culto que provoca a condenação de Santo Estêvão, que nesse momento, diz São Lucas, fixou os olhos no céu e viu a glória de Deus, e Jesus, de pé, à direita de Deus. E vendo o céu, Deus e Jesus, Santo Estêvão disse: "Eu vejo os céus abertos, e o Filho do Homem, de pé, à direita de Deus."[10]

Com isso segue-se o seu martírio, que de fato está plasmado sobre a paixão do próprio Jesus, uma vez que ele entrega o próprio espírito ao "Senhor Jesus" e reza para que o pecado dos que o apedrejam não lhes seja imputado.[11]

O lugar do martírio de Santo Estêvão em Jerusalém localiza-se tradicionalmente um pouco fora da Porta de Damasco, ao norte, onde agora se ergue a Igreja de Saint-Étienne [Sto. Estêvão] ao lado da famosa *École Biblique* dos dominicanos. O apedrejamento e morte de Estêvão, o primeiro mártir da Igreja, desencadeou uma perseguição local aos discípulos de Cristo,[12] a primeira na história da Igreja. Essas circunstâncias impeliram o grupo de cristãos judeu-helenistas a fugir de Jerusalém e dispersar-se.

---

[10] Cf. At 7,56
[11] Cf. At 7,59-60
[12] Cf. At 8,1

Expulsos de Jerusalém, eles se transformaram em missionários itinerantes: "Os que haviam sido dispersos iam de lugar em lugar anunciando a palavra da Boa Nova."[13]

A perseguição e a conseqüente dispersão se tornam missão. O Evangelho propagou-se assim na Samaria, na Fenícia e na Síria, até a grande cidade de Antioquia onde, segundo Lucas, ele foi anunciado pela primeira vez também aos pagãos,[14] e onde igualmente pela primeira vez foi usado o nome "cristãos".[15]

Em particular, Lucas observa que os que apedrejavam Estêvão "depuseram seus mantos aos pés de um jovem chamado Saulo",[16] o mesmo homem que de perseguidor se tornaria um Apóstolo eminente do Evangelho.

Isso significa que o jovem Saulo provavelmente ouviu a pregação de Estêvão e tomou conhecimento do seu conteúdo principal. E São Paulo provavelmente estava entre aqueles que, acompanhando e ouvindo esse discurso, "tremiam de raiva em seus corações e rangiam os dentes contra ele".[17]

E nesse ponto podemos ver as maravilhas da Providência divina. Depois do seu encontro com o Cristo ressuscitado na estrada de Damasco, Saulo, adversário implacável da visão de Estêvão, retoma a leitura cristológica do Antigo Testamento feita pelo Protomártir, apro-

---

[13] At 8,4
[14] Cf. At 11,19-20
[15] At 11,26
[16] At 7,58
[17] At 7,54

funda-a e a completa, tornando-se assim o "Apóstolo dos Gentios".

A Lei se cumpre, ensina ele, na cruz de Cristo. E a fé em Cristo, comunhão com o amor de Cristo, é a verdadeira realização de toda a Lei. Esse é o conteúdo da pregação de Paulo. Ele demonstra assim que o Deus de Abraão se torna o Deus de todos. E todos os crentes em Jesus Cristo, como filhos de Abraão, tornam-se participantes das promessas. A visão de Santo Estêvão realiza-se na missão de São Paulo.

Como Jesus havia mostrado aos discípulos de Emaús que todo o Antigo Testamento fala dele, da sua cruz e da sua ressurreição, assim Santo Estêvão, seguindo o ensinamento de Jesus, lê todo o Antigo Testamento numa perspectiva cristológica.

A história de Estêvão nos diz muitas coisas. Por exemplo, ela nos ensina que não é preciso separar o compromisso social caritativo do anúncio corajoso da fé. Ele era um dos sete, encarregado principalmente da caridade. Mas era impossível separar a caridade da fé. Assim, com caridade, ele proclama Cristo crucificado, a ponto de aceitar até o martírio. Esta é a primeira lição que podemos aprender da figura de Santo Estêvão: caridade e anúncio da fé andam sempre juntos.

Acima de tudo, Santo Estêvão nos fala de Cristo, do Cristo crucificado e ressuscitado como centro da história e da nossa vida. Podemos compreender que a Cruz permanece sempre central na vida da Igreja e na nossa vida pessoal. Na história da Igreja, haverá sempre paixão e perseguição. E precisamente a perseguição se torna, segundo as célebres palavras de Tertuliano, fonte de missão para novos cristãos.

Cito as suas palavras: "Nós nos multiplicamos sempre que somos ceifados por vós; o sangue dos cristãos é semente..."[18] Mas também na nossa vida, a cruz, que jamais estará ausente, se torna uma bênção.

E aceitando a cruz, sabendo que ela se torna e é uma bênção, aprendemos a alegria do cristão também nos momentos de dificuldade. O valor do testemunho é insubstituível, porque o Evangelho conduz a ele e dele se nutre a Igreja. Santo Estêvão nos ensina a transformar essas lições em tesouro, ensina-nos a amar a Cruz, porque ela é o caminho pelo qual Cristo chega sempre de novo em nosso meio.

---

[18] Tertuliano, *Apologético* 50,13: *Plures efficimur quoties metimur a vobis: semen est sanguis christianorum*

CAPÍTULO DEZENOVE

Barnabé, Silas (Silvano) e Apolo[1]

Continuando a nossa jornada entre os protagonistas das origens cristãs, dedicamos agora a nossa atenção a alguns outros colaboradores de São Paulo. Devemos reconhecer que o Apóstolo é um exemplo eloqüente de um homem aberto à colaboração: ele não quis fazer tudo sozinho na Igreja, mas valeu-se de muitos e diferentes colegas.

Não podemos refletir sobre todos esses preciosos ajudantes porque são muitos. Basta lembrar, entre outros, Epafras,[2] Epafrodito,[3] Tíquico,[4] Urbano,[5] Gaio e Aristarco.[6] E mulheres como Febe,[7] Trifena e Trifosa,[8] Pérside, mãe

---

[1] Papa Bento XVI, Audiência Geral, 31 de janeiro de 2007
[2] Cf. Cl 1,7; 4,12; Fm 23
[3] Cf. Fl 2,25; 4,18
[4] Cf. At 20,4; Ef 6,21; Cl 4,7; 2 Tm 4,12; Tt 3,12
[5] Cf. Rm 16,9
[6] Cf. At 19,29; 20,4; 27,2; Cl 4,10
[7] Rm 16,1
[8] Cf. Rm 16,12

de Rufo, de quem Paulo diz "que é também minha mãe",[9] para não mencionar casais como Prisca e Áquila.[10]

Dessa longa lista de colaboradores e colaboradoras de São Paulo, concentramo-nos neste capítulo em três pessoas que desempenharam um papel particularmente significativo na evangelização inicial: Barnabé, Silas e Apolo.

Barnabé significa "filho da exortação"[11] ou "filho da consolação" e é o apelido de um levita judeu nascido em Chipre. Estabelecendo-se em Jerusalém, ele foi um dos primeiros a abraçar o cristianismo depois da ressurreição do Senhor. Com grande generosidade, ele vendeu um campo de sua propriedade e deu o dinheiro aos Apóstolos para as necessidades da Igreja.[12]

Foi ele que afiançou a sinceridade da conversão de Saulo junto à comunidade cristã de Jerusalém, que ainda desconfiava do antigo perseguidor.[13]

Enviado para Antioquia, na Síria, ele foi encontrar Paulo em Tarso, onde este havia se recolhido, e com ele passou um ano inteiro, dedicando-se à evangelização dessa importante cidade em cuja Igreja Barnabé era conhecido como profeta e doutor.[14]

---

[9] Cf. Rm 16,12-13
[10] Cf. Rm 16,3; 1 Cor 16,19; 2 Tm 4,19
[11] At 4,36
[12] At 4,37
[13] Cf. At 9,27
[14] Cf. At 13,1

Assim, por ocasião das primeiras conversões dos pagãos, Barnabé compreendeu que o momento de Paulo havia chegado. Como Paulo se retirara para Tarso, sua cidade natal, ele foi para lá à sua procura. Desse modo, nessa hora importante, Barnabé, por assim dizer, restituiu Paulo à Igreja; nesse sentido, devolveu a ela o Apóstolo dos Gentios.

A Igreja de Antioquia enviou Barnabé numa missão com Paulo, realizando aquela que ficou conhecida como a primeira viagem missionária do Apóstolo. Na realidade, trata-se de uma viagem missionária de Barnabé, pois era ele o verdadeiro responsável, ao qual Paulo se juntou como colaborador, visitando as regiões de Chipre e da Anatólia centro-meridional, na atual Turquia, com as cidades de Atalia, Perge, Antioquia da Pisídia, Icônio, Listra e Derbe.[15]

Com Paulo, ele foi então para o assim chamado Concílio de Jerusalém onde, depois de um exame profundo da questão, os Apóstolos com os Anciãos decidiram desvincular a prática da circuncisão da identidade cristã.[16] Foi só desse modo, enfim, que eles tornaram oficialmente possível a Igreja dos Gentios, uma Igreja sem circuncisão: somos filhos de Abraão simplesmente pela fé em Cristo.

Os dois, Paulo e Barnabé, se desentenderam no início da segunda viagem missionária porque Barnabé estava determinado a levar com eles como companheiro João,

---

[15] Cf. At 13-14
[16] Cf. At 15,1-35

cognominado Marcos, enquanto Paulo era contra, pois o jovem havia se separado deles durante a viagem anterior.[17]

Existem, portanto, discordâncias, desavenças e controvérsias também entre santos. E isso me parece muito consolador, porque vemos que os santos não "caíram do céu". Eles são pessoas como nós, que também têm problemas complicados.

A santidade não consiste em nunca ter errado ou pecado. A santidade cresce na capacidade de conversão, de arrependimento, de disponibilidade para recomeçar e principalmente na capacidade de reconciliação e de perdão.

E assim Paulo, que fora um tanto áspero e intransigente com relação a Marcos, no fim se reencontra com ele. Nas últimas cartas de São Paulo, a Filêmon, e na segunda a Timóteo, Marcos de fato aparece como "o meu colaborador".

Conseqüentemente, não é o fato de nunca ter errado, mas a capacidade de reconciliação e de perdão que nos faz santos. E todos podemos aprender este caminho de santidade. De todo modo, Barnabé, acompanhado de João Marcos, retornou para Chipre[18] em torno do ano 49. A partir desse momento, perdemos as suas pegadas. Tertuliano atribui-lhe a *Epístola aos Hebreus*, o que não é improvável, pois pertencendo à tribo de Levi, Barnabé

---

[17] Cf. At 13,13; 15,36-40
[18] At 15,39

podia interessar-se pelo tema do sacerdócio. E a *Epístola aos Hebreus* interpreta para nós o sacerdócio de Cristo de modo extraordinário.

Outro companheiro de Paulo foi Silas, forma grecizada de um nome hebraico (talvez *sheal*, "pedir, invocar", que tem a mesma raiz do nome "Saulo"); dele deriva também a forma latinizada *Silvano*. O nome Silas é atestado somente no *Livro dos Atos*, enquanto o nome Silvano aparece somente nas *Epístolas* paulinas. Ele era um judeu de Jerusalém, um dos primeiros a tornar-se cristão, e gozava de grande estima naquela Igreja,[19] pois era considerado profeta.[20]

Ele foi encarregado de transmitir e de explicar "aos irmãos dentre os gentios que moram em Antioquia, na Síria e na Silícia"[21] as decisões tomadas no Concílio de Jerusalém. Evidentemente, ele era considerado capaz de exercer uma espécie de mediação entre Jerusalém e Antioquia, entre judeu-cristãos e cristãos de origem pagã, e assim de servir à unidade da Igreja na diversidade de ritos e de origens.

Quando Paulo se separou de Barnabé, ele escolheu Silas como seu novo companheiro de viagem.[22] Com Paulo, ele chegou à Macedônia (com as cidades de Filipos, Tessalônica e Beréia), onde permaneceu, enquanto Paulo prosseguiu para Atenas e depois para Corinto.

---

[19] Cf. At 15,22
[20] Cf. At 15,32
[21] At 15,23
[22] At 15,40

Silas se juntou a ele em Corinto, onde cooperou na pregação do Evangelho; com efeito, na segunda carta que Paulo endereçou a essa Igreja, ele fala de "Jesus Cristo, que vos anunciamos, eu, Silvano e Timóteo".[23] Isso explica como ele foi co-autor, com Paulo e Timóteo, das duas *Epístolas aos Tessalonicenses*.

Também isto me parece importante. Paulo não age como um "solista", sozinho, mas junto com esses colaboradores no "nós" da Igreja. Esse "eu" de Paulo não é um "eu" isolado, mas um "eu" no "nós" da Igreja, no "nós" da fé apostólica. E mais tarde, Silvano é também mencionado na *Primeira Epístola de Pedro*, onde lemos: "Por Silvano, que eu considero irmão fiel, vos escrevi em poucas palavras."[24] Vemos assim também a comunhão dos Apóstolos. Silvano serve a Paulo e serve a Pedro porque a Igreja é una e o anúncio missionário é único.

O terceiro companheiro de Paulo que queremos lembrar é Apolo, nome que provavelmente é abreviação de Apolônio ou Apolodoro. Embora seja um nome pagão, ele era um judeu fervoroso de Alexandria, no Egito. Lucas, no *Livro dos Atos*, descreve-o como "um homem eloqüente, versado nas Escrituras... cheio de fervor".[25]

A entrada de Apolo na cena da primeira evangelização aconteceu na cidade de Éfeso. Ele fora para lá para pregar e teve a sorte de encontrar o casal cristão Priscila

---

[23] 2 Cor 1,19
[24] 1 Pd 5,12
[25] At 18,24-25

e Áquila, os quais lhe aprofundaram o conhecimento do "Caminho de Deus".²⁶ De Éfeso ele foi para a Acaia e encaminhou-se para a cidade de Corinto, onde chegou com uma carta de recomendação dos cristãos de Éfeso, solicitando aos coríntios que lhe dessem boa acolhida.²⁷ Em Corinto, como escreve Lucas, "muito ajudou aos que por obra da graça tinham abraçado a fé, pois refutava vigorosamente os judeus em público, demonstrando pelas Escrituras que Jesus é o Cristo",²⁸ o Messias.

Seu sucesso nessa cidade teve, porém, um aspecto problemático, pois alguns membros dessa Igreja, fascinados por seu modo de falar, opunham-se a outros em seu nome.²⁹

Na sua *Primeira Epístola aos Coríntios*, Paulo exprime seu apreço pela ação de Apolo, mas censura os coríntios por dilacerarem o Corpo de Cristo subdividindo-se em facções opostas. De toda essa situação ele tirou um ensinamento importante: Seja eu ou Apolo, diz ele, não somos senão *diakonoi*, isto é, simples servidores, pelos quais fostes levados à fé.³⁰

Tertuliano atribui a Barnabé a Epístola aos Hebreus, o que não é improvável, pois pertencendo à tribo de Levi, Barnabé podia interessar-se pelo tema do sacerdócio. E a Epístola aos Hebreus interpreta para nós o sacerdócio de Cristo de modo extraordinário.

---

[26] Cf. At 18,26
[27] Cf. At 18,27
[28] At 18,27-28
[29] Cf. 1 Cor 1,12; 3,4-6; 4,6
[30] Cf. 1 Cor 3,5

Cada um tem uma tarefa diferente no campo do Senhor: "Eu plantei; Apolo regou; mas era Deus quem fazia crescer... Nós somos colaboradores de Deus, e vós sois a seara de Deus, o edifício de Deus."[31]

Depois de retornar a Éfeso, Apolo resistiu ao convite de Paulo de voltar a Corinto imediatamente, adiando a viagem para uma data posterior que ignoramos.[32] Não temos outras informações sobre ele, embora alguns estudiosos acreditem que ele seja um possível autor da *Epístola aos Hebreus*, a qual, segundo Tertuliano, teria sido escrita por Barnabé.

Esses três homens brilham no firmamento das testemunhas do Evangelho por uma qualidade comum além das características próprias de cada um. Eles têm em comum, além da origem judaica, a dedicação a Jesus Cristo e ao Evangelho, ao lado do fato de todos os três terem sido colaboradores do Apóstolo Paulo.

Nessa original missão evangelizadora eles encontraram o sentido da própria vida e desse modo estão diante de nós como modelos luminosos de desprendimento e de generosidade.

Ao final, pensemos uma vez mais nesta frase de São Paulo: Tanto Apolo como eu somos todos servidores de Jesus, cada um a seu modo, porque é Deus que faz crescer. Essas palavras também se aplicam a nós hoje, ao papa, aos cardeais, aos bispos, aos sacerdotes e aos lei-

---

[31] 1 Cor 3,6-9
[32] Cf. 1 Cor 16,12

gos. Somos todos humildes servidores de Jesus. Servimos ao Evangelho da melhor forma que podemos, de acordo com as nossas aptidões. Rezemos a Deus para que faça crescer hoje o seu Evangelho, a sua Igreja.

CAPÍTULO VINTE

Áquila e Priscila[1]

Dando um novo passo nessa espécie de galeria de retratos das primeiras testemunhas da fé cristã, vamos meditar neste capítulo sobre um casal. O casal a que me refiro é Áquila e Priscila, duas pessoas que, como mencionei rapidamente no capítulo anterior, ocupam seu lugar na esfera dos inúmeros colaboradores que gravitam em torno do Apóstolo Paulo. Baseados em informações que dispomos, esse casal desempenhou um papel muito ativo no tempo das origens pós-pascais da Igreja.

Os nomes Áquila e Priscila são latinos, mas o homem e a mulher que os levam eram de origem hebraica. Pelo menos Áquila, porém, provinha geograficamente da diáspora da Anatólia setentrional, de frente para o mar Negro — na Turquia atual — enquanto Priscila, cujo nome às vezes é abreviado para Prisca, era provavelmente uma judia natural de Roma.[2]

---

[1] Papa Bento XVI, Audiência Geral, 7 de fevereiro de 2007
[2] Cf. At 18,2

É de Roma, portanto, que eles chegaram a Corinto, onde Paulo os encontrou no início dos anos 50. Lá ele se associou a eles, como diz Lucas, pois exerciam a mesma profissão de fabricantes de tendas ou grandes toldos para uso doméstico, ficando hospedado na casa deles.[3]

O motivo da ida deles a Corinto foi a decisão do imperador Cláudio de expulsar de Roma os judeus residentes na cidade. A respeito desse acontecimento, o historiador romano Suetônio diz que os judeus foram expulsos porque "provocavam tumulto por causa de um certo Cresto".[4]

Podemos ver que ele não conhecia bem o nome — em vez de Cristo, ele escreve "Cresto" — e tinha uma idéia apenas muito confusa do que havia acontecido. Em todo caso, havia desentendimentos internos no seio da comunidade judaica a respeito da questão de Jesus ser o Cristo. E para o imperador esses problemas constituíam motivo para simplesmente expulsar os judeus de Roma.

Podemos deduzir que o casal já havia abraçado a fé cristã nos anos 40, e agora encontrara em Paulo alguém que não só professava a mesma fé que eles — que Jesus é o Cristo — mas que era também Apóstolo, chamado pessoalmente pelo Senhor Ressuscitado.

Portanto, o primeiro encontro dos dois com Paulo acontece em Corinto, onde eles o hospedam em sua casa e trabalham juntos na fabricação de tendas.

---

[3] Cf. At 18,3
[4] Cf. *Vidas dos Doze Césares — Cláudio*, nº 25

Num segundo momento, eles se transferiram para Éfeso, na Ásia Menor. Lá tiveram um papel decisivo no aprofundamento da formação cristã do judeu alexandrino Apolo, sobre quem falamos no capítulo anterior. Como ele conhecia a fé cristã apenas superficialmente, "Priscila e Áquila tomaram-no consigo e, com mais exatidão, expuseram-lhe o Caminho de Deus."[5] Quando Paulo escreve de Éfeso a *Primeira Epístola aos Coríntios*, junto com as próprias saudações ele envia explicitamente as de "Áquila e Priscila, com a comunidade que se reúne na casa deles".[6]

Ficamos assim conhecendo o importantíssimo papel desempenhado por esse casal no âmbito da Igreja primitiva: o de acolher na própria casa o grupo de cristãos locais, quando eles se reuniam para ouvir a Palavra de Deus e para celebrar a Eucaristia. É precisamente esse tipo de reunião que em grego se chama *"ekklesìa"* — a palavra latina é "ecclesia", a portuguesa é "igreja" — que significa convocação, assembléia, reunião.

Na casa de Áquila e Priscila, portanto, reúne-se a Igreja, a convocação de Cristo, que celebra ali os Mistérios sagrados.

Podemos ver assim que o nascimento da realidade da Igreja se faz nas casas dos crentes. De fato, até por volta do século III, os cristãos não tinham lugares de culto próprios. Inicialmente esses lugares eram as sinagogas

---

[5] At 18,26
[6] 1 Cor 16,19

judaicas, até que a simbiose original entre o Antigo e o Novo Testamentos se dissolveu e a Igreja dos Gentios foi obrigada a dar-se uma identidade própria, sempre profundamente radicada no Antigo Testamento.

Então, depois dessa "ruptura", eles se reúnem nas casas dos cristãos, que assim se tornam "Igreja". E por fim, no século III, nascem os verdadeiros e próprios edifícios de culto cristão.

Mas aqui, na primeira metade do século I e no século II, as casas dos cristãos se tornam a verdadeira e própria "igreja". Como eu disse, eles lêem juntos as Escrituras e celebram a Eucaristia.

Assim acontecia, por exemplo, em Corinto, onde Paulo menciona um certo "Gaio, que hospeda a mim e a toda a Igreja",[7] ou em Laodicéia, onde a comunidade se reunia na casa de uma certa Ninfa,[8] ou em Colossas, onde a reunião se realizava na casa de um certo Arquipo.[9]

Mais tarde Áquila e Priscila retornaram a Roma e continuaram a desempenhar essa preciosa função também na capital do Império.

Com efeito, Paulo, escrevendo aos romanos, envia exatamente esta saudação: "Saudai Prisca e Áquila, meus colaboradores em Cristo Jesus, que para salvar minha vida expuseram sua cabeça. Não somente eu lhes devo

---

[7] Rm 16,23
[8] Cf. Cl 4,15
[9] Cf. Fm 2

gratidão, mas também todas as Igrejas da gentilidade. Saudai também a Igreja que se reúne em sua casa."[10] Que elogio extraordinário aos dois cônjuges nessas palavras! E não é outro senão o Apóstolo Paulo que o expressa. Ele reconhece explicitamente neles dois verdadeiros e importantes colaboradores do seu apostolado.

A referência ao fato de terem arriscado a vida por ele provavelmente está ligada às intervenções a favor dele durante algum período de encarceramento, talvez na própria Éfeso.[11] E o fato de Paulo acrescentar à sua gratidão pessoal aquela de todas as Igrejas dos Gentios, mesmo considerando a expressão talvez um tanto hiperbólica, deixa entrever como pode ter sido amplo o raio de ação desse casal e, portanto, sua influência a favor do Evangelho.

A tradição hagiográfica posterior conferiu um relevo todo especial a Priscila, mesmo que continue o problema de identificá-la ou não com outra Priscila mártir.

Em todo caso, temos aqui em Roma tanto uma igreja dedicada a Santa Prisca sobre o Aventino quanto as Catacumbas de Priscila na Via Salaria.

Perpetua-se desse modo a memória de uma mulher que seguramente foi uma pessoa ativa e de muito valor na história do cristianismo romano. Uma coisa é certa: à gratidão das primeiras Igrejas, de que fala Paulo, devemos acrescentar também a nossa, pois graças à fé e ao

---

[10] Rm 16,3-5
[11] Cf. At 19,23; 1 Cor 15,32; 2 Cor 1,8-9

compromisso apostólico de leigos fiéis, de famílias, de casais como Priscila e Áquila, o cristianismo chegou até a nossa geração. Ele podia crescer não somente graças aos Apóstolos que o anunciavam. Para enraizar-se na terra do povo, para desenvolver-se ativamente, era necessário o compromisso dessas famílias, desses casais, dessas comunidades cristãs, de leigos fiéis que ofereceram o "húmus" para o crescimento da fé. Como sempre, é só assim que a Igreja cresce.

Toda casa pode transformar-se numa pequena igreja. Não somente no sentido de que nela deve reinar o típico amor cristão feito de altruísmo e de cuidado recíproco, mas ainda mais no sentido de que toda a vida familiar, baseada na fé, é chamada a girar em torno do único senhorio de Jesus Cristo.

Esse casal em particular demonstra como é importante a ação dos cônjuges cristãos. Quando são sustentados pela fé e por uma forte espiritualidade, seu compromisso corajoso pela Igreja e na Igreja se torna natural. A participação diária na vida um do outro se prolonga e de algum modo se sublima no ato de assumir uma responsabilidade comum a favor do Corpo Místico de Cristo, mesmo que seja de uma pequena parcela dele. Assim era na primeira geração e assim será freqüentemente.

Outra lição que não podemos deixar de extrair do exemplo deles: toda casa pode transformar-se numa pequena igreja. Não somente no sentido de que nela deve reinar o típico amor cristão feito de altruísmo e de cuidado recíproco, mas ainda mais no sentido de que toda a vida familiar, baseada na fé, é chamada a girar em torno do único senhorio de Jesus Cristo.

Não é por acaso que na *Epístola aos Efésios* Paulo compara a relação conjugal com a comunhão matrimonial que existe entre Cristo e a Igreja.[12] Mais, podemos pensar que o Apóstolo modela indiretamente a vida de toda a Igreja sobre a vida da família. E a Igreja, na realidade, é a família de Deus.

Por isso, reverenciemos Áquila e Priscila como modelos de uma vida conjugal responsavelmente comprometida a serviço de toda a comunidade cristã. E encontremos neles o modelo da Igreja, família de Deus para todos os tempos.

---

[12] Cf. Ef 5,25-33

CAPÍTULO VINTE E UM

Mulheres a Serviço do Evangelho[1]

Chegamos ao fim do nosso percurso entre as testemunhas do cristianismo nascente mencionadas nos escritos do Novo Testamento. E usamos a última etapa desta primeira viagem para dedicar a nossa atenção às muitas figuras femininas que exerceram um papel eficaz e precioso na difusão do Evangelho.

Em conformidade com o que o próprio Jesus disse da mulher que ungiu sua cabeça pouco antes da Paixão: "Em verdade vos digo que, onde quer que venha a ser proclamado o Evangelho, em todo o mundo, também o que ela fez será contado em sua memória",[2] o testemunho delas não pode ser esquecido.

O Senhor quer que essas testemunhas do Evangelho, essas figuras que deram uma contribuição para que a fé nele crescesse, sejam conhecidas e que a lembrança delas seja mantida viva na Igreja. Podemos distinguir historicamente o papel das mulheres no cristianismo primitivo,

---

[1] Papa Bento XVI, Audiência Geral, 14 de fevereiro de 2007
[2] Mt 26,13; Mc 14,9

durante a vida terrena de Jesus e nos eventos da primeira geração cristã.

Sabemos que Jesus escolheu entre os seus discípulos doze homens como Pais do novo Israel "para que ficassem com ele, para enviá-los a pregar".[3]

Esse fato é evidente; mas, além dos Doze, colunas da Igreja e pais do novo Povo de Deus, muitas mulheres também foram escolhidas como discípulas. Só posso mencionar muito brevemente aquelas que seguiram o próprio Jesus, a começar com a profetisa Ana,[4] até a samaritana,[5] a siro-fenícia,[6] a hemorroíssa[7] e a pecadora perdoada.[8]

Não farei menção nem mesmo às protagonistas de algumas das suas exemplares parábolas, como por exemplo a mulher que faz o pão,[9] a mulher que perde o dracma e a viúva que importuna o juiz.[10] Mais importantes para o nosso argumento são as mulheres que tiveram um papel ativo no contexto da missão de Jesus.

Em primeiro lugar, o pensamento se dirige espontaneamente para a Virgem Maria, que com a sua fé e a sua dedicação materna colaborou de modo único para a nossa Redenção, tanto que Isabel pôde proclamá-la "bendita

---

[3] Mc 3,14-15
[4] Cf. Lc 2,36-38
[5] Cf. Jo 4,1-39
[6] Cf. Mc 7,24-30
[7] Cf. Mt 9,20-22
[8] Cf. Lc 7,36-50
[9] Cf. Mt 13,33
[10] Cf. Lc 15,8-10; Lc 18,1-8

entre as mulheres",[11] acrescentando: "Feliz aquela que creu..."[12]

Como discípula do seu Filho, Maria manifestou total confiança nele em Caná,[13] e o acompanhou até os pés da Cruz, onde recebeu dele uma missão materna para todos os seus discípulos de todos os tempos, representados por João.[14]

Há depois várias mulheres com funções de responsabilidade que gravitaram em torno de Jesus em suas diferentes capacidades. Exemplo eloqüente disso são as mulheres que seguiam Jesus para dar-lhe assistência com seus próprios meios e das quais Lucas preserva alguns nomes: Maria Madalena, Joana, Susana e "muitas outras".[15]

Depois os Evangelhos nos informam que as mulheres, diferentemente dos Doze, não abandonaram Jesus no momento da Paixão.[16] Entre elas, Maria Madalena destaca-se de modo particular. Ela não só esteve presente na Paixão, mas foi também a primeira testemunha e anunciadora do Ressuscitado.[17]

É precisamente a Maria Madalena que Sto. Tomás de Aquino reserva o título singular de "Apóstola dos Após-

---

[11] Lc 1,42
[12] Lc 1,45
[13] Cf. Jo 2,5
[14] Cf. Jo 19,25-27
[15] Cf. Lc 8,2-3
[16] Cf. Mt 27,56.61; Mc 15,40
[17] Cf. Jo 20,1.11-18

tolos" (*apostolorum apostola*), dedicando-lhe este belo comentário: "Como uma mulher havia anunciado ao primeiro homem palavras de morte, assim também uma mulher foi a primeira a anunciar aos Apóstolos palavras de vida."[18]

Também no âmbito da Igreja primitiva a presença feminina não é de modo nenhum secundária. Não insistiremos sobre as quatro filhas anônimas do "diácono" Filipe, residentes em Cesaréia Marítima e todas dotadas, como nos diz São Lucas, com o "dom da profecia", isto é, com a faculdade de intervir publicamente sob a ação do Espírito Santo.[19] A brevidade da informação não permite deduções mais precisas.

É a São Paulo, porém, que devemos uma documentação mais ampla sobre a dignidade e sobre o papel eclesial da mulher. Ele parte do princípio fundamental segundo o qual para os batizados: "Não há judeu nem grego, não há escravo nem livre, não há homem nem mulher." O motivo é que "todos somos um só em Jesus cristo",[20] isto é, todos estamos unidos na mesma dignidade básica, embora cada um com funções específicas.[21]

O Apóstolo aceita como coisa normal que a mulher possa "profetizar" na comunidade cristã,[22] isto é, falar

---

[18] Tomás de Aquino, *Super Ioannem*, Ed. Cai, 2519
[19] Cf. At 21,9
[20] Gl 3,28
[21] Cf. 1 Cor 12,27-30
[22] 1 Cor 11,5

abertamente sob a influência do Espírito, desde que seja para a edificação da comunidade e feito de modo digno.

Assim a exortação, bem conhecida: "Estejam caladas as mulheres nas assembléias"[23] deve ser relativizada. O problema decorrente, muito discutido, da relação entre a primeira frase — as mulheres podem profetizar na assembléia — e a outra — devem manter-se caladas — aparentemente contraditórias, deixemos para os exegetas. Não é problema para discutir aqui.

No último capítulo já encontramos a figura de Prisca ou Priscila, mulher de Áquila, que em dois casos é surpreendentemente mencionada antes do marido:[24] ela e ele são assim explicitamente designados por Paulo como seus *sun-ergoús*, "colaboradores".[25]

Há vários outros pontos importantes que não podem ser ignorados. É preciso observar, por exemplo, que a breve *Epístola a Filêmon* é na realidade endereçada por Paulo também a uma mulher chamada "Ápia".[26] Traduções latinas e siríacas do texto grego acrescentam a este nome "Ápia" o qualificativo "*soror caríssima*",[27] e devemos dizer que ela devia ocupar uma posição importante na comunidade de Colossas. Em todo caso, é a única mulher mencionada por Paulo entre os destinatários de uma carta.

---

[23] 1 Cor 14,34
[24] Cf. At 18,18; Rm 16,3
[25] Rm 16,3
[26] Cf. Fm 2
[27] Ibid.

Em outra parte o Apóstolo menciona uma certa "Febe", descrita como "diaconisa da Igreja de Cencréia", a cidade portuária a leste de Corinto.[28] Embora naquele tempo o título ainda não tivesse adquirido um valor ministerial específico de natureza hierárquica, ele expressa um verdadeiro e próprio exercício de responsabilidade por parte desta mulher em favor daquela comunidade cristã. Paulo recomenda que ela seja recebida cordialmente e assistida "em tudo o que possa precisar". E acrescenta: "porque também ela ajudou a muitos, a mim inclusive."

Como discípula do seu Filho, Maria manifestou total confiança nele em Caná e o acompanhou até os pés da Cruz, onde recebeu dele uma missão materna para todos os seus discípulos de todos os tempos, representados por João.

No mesmo contexto epistolar, o Apóstolo, com traços de delicadeza, lembra os nomes de outras mulheres: uma certa Maria, depois Trifena, Trifosa e a "querida" Pérside, e ainda Júlia, das quais escreve abertamente que "se afadigaram por vós" ou "se afadigaram no Senhor",[29] ressaltando assim o seu forte compromisso eclesial.

Além disso, na Igreja de Filipos, duas mulheres deviam distinguir-se, Evódia e Síntique.[30] A exortação de Paulo à concórdia mútua sugere que essas duas mulheres exerciam uma função importante nessa comunidade.

---

[28] Rm 16,1-2
[29] Rm 16,6.12a.12b.15
[30] Cf. Fl 4,2

Em síntese, sem a generosa contribuição de muitas mulheres, a história do cristianismo teria apresentado um desenvolvimento bem diferente.

Por isso, como escreveu o meu venerável e querido predecessor João Paulo II em sua Carta Apostólica *Mulieris dignitatem*: "A Igreja rende graças por todas e cada mulher... A Igreja rende graças por todas as manifestações do 'gênio' feminino que apareceram no curso da história, no meio de todos os povos e nações; ela agradece todos os carismas que o Espírito Santo distribui às mulheres na história do Povo de Deus, todas as vitórias que ela deve à sua fé, esperança e caridade: agradece todos os frutos da santidade feminina."[31]

Como vemos, o elogio é feito à mulher no curso da história da Igreja e é expresso em nome de toda a comunidade eclesial. Também nós nos unimos a esse apreço agradecendo ao Senhor, para que ele conduza a sua Igreja, geração após geração, servindo-se indistintamente de homens e de mulheres que sabem fazer frutificar a sua fé e o seu batismo para o bem de todo o Corpo eclesial, para a maior glória de Deus.

---

[31] Papa João Paulo II, Carta Apostólica *Mulieris dignitatem*, nº 31

Impressão e Acabamento
assahi
gráfica e editora ltda.